Klaus Dallmer

Wladimir Lenins Großer Sozialistischer Oktoberumsturz und die Folgen

Klaus Dallmer

Wladimir Lenins Großer Sozialistischer Oktoberumsturz und die Folgen

Bibliografische Information der Deutschen Nationalbibliothek:
Die Deutsche Nationalbibliothek verzeichnet diese Publikation in der
Deutschen Nationalbibliografie; detaillierte bibliografische Daten sind
im Internet über http://dnb.dnb.de abrufbar.

Herstellung und Verlag:
BoD – Books on Demand, Norderstedt

ISBN 9783848229581

Vorwort

In der Literatur zur Russischen Revolution und der Fülle der Fakten kann man sich verlieren. Eine kurz gefasste, verständliche Darstellung des roten Fadens der Ereignisse, die Stellung bezieht auf Seiten der handelnden Arbeiter und Bauern, ohne das Geschehen in politischer Absicht zu verfälschen, scheint mir aber zu fehlen; jedenfalls habe ich sie nicht gefunden. Diesen Mangel versuche ich mit der vorliegenden Arbeit zu beheben. Manches musste verkürzt oder weggelassen werden - wer es detaillierter wissen will, möge selbst in der Literatur oder im Netz stöbern.

Die russischen Arbeiter und Soldaten hatten im Februar 1917 den Zaren hinweggefegt; im Oktober drängten sie auf die Machtübernahme der Räte, um den Weg frei zu bekommen zur Umwälzung der Gesellschaft, zur Inbesitznahme der Fabriken und des Bodens der Großgrundbesitzer. Weder Lenin noch die Partei haben die Revolution "gemacht"- die sowjetische Heldenverehrung gehört genauso ins Reich der Phantasie wie das bürgerliche Märchen vom Parteiputsch.

Der marxistischen Theorie nach beginnt der Sozialismus, wenn hochentwickelte Produktivkräfte an die Grenze der kapitalistischen Eigentumsform stoßen und übernommen werden in die Regie der assoziierten Produzenten, also sozialistisch vergesellschaftet werden. Weil die kapitalistische Akkumulation zurückgeblieben und die Industrie nur ein Einsprengsel in der bäuerlichen Gesellschaft Russlands war - und die Betriebe überdies unter den Kriegsfolgen litten - blieben die Versuche der Fabrikkomitees, die Produktion zu steuern, mangels Masse in den ersten Ansätzen stecken. Die Eigenregie der Arbeiterklasse konnte sich so auch nicht zur demokratischen Staatsführung entfalten, sondern musste ersetzt werden durch bürokratische Verwaltung und Leitung, die sich im Bürgerkrieg zur Diktatur verfestigte. Von daher rühren die Schwankungen, ob man die Sowjetunion nun als "vorsozialistisch", "staatssozialistisch", "Anfänge von Sozialismus" oder eben doch als "sozialistisch" bezeichnen soll. Den ersten "sozialistischen" Staat der Welt als Vorbild zu betrachten, konnte jedenfalls in den entwickelten kapitalistischen Ländern nur ins Abseits führen.

Um ihre Revolution gegen die anstürmenden weißen Armeen und die ausländischen Interventionstruppen zu verteidigen, waren die Arbeiter und Bauern zu großen Opfern bereit, auch zur Unterordnung unter neue Kommandostrukturen in Armee, Produktion, Verwaltung und Partei. Mit dieser Geduld war es zu Ende, als der auszehrende Bürgerkrieg gewonnen war.

Die anschließende Notlage des Jahres 1921 halte ich für den entscheidenden Einschnitt. Die bewusste Avantgarde der kleinen Arbeiterklasse war ums Leben gekommen oder in Partei, Verwaltung und Militär aufgesaugt, die Partei hatte ihre Basis in der Klasse verloren. Die Hoffnung, dass nach dem Bürgerkrieg eine Rückkehr zur Arbeiterdemokratie möglich wäre, bestätigte sich nicht - möglich war nur eine staatssozialistische Parteidiktatur. Streiks und

große Bauern- und Soldatenaufstände wurden niedergeschlagen, um den Machterhalt und wenigstens ein not-
dürftiges Funktionieren von Produktion, Verwaltung und
Versorgung zu sichern. Die Widersprüche des doppelten
Klassencharakters der russischen Revolution und die widerstreitenden Interessen ihrer Träger wurden in der Parteidiktatur zusammengezwungen und unterdrückt. Das
Fraktionsverbot in der Partei, das Lenin zusammen mit der
- von der Not diktierten - Wiederzulassung der Marktbe-
ziehungen aussprach, bahnte den Weg für die unum-
schränkte Herrschaft der Bürokratie, die den nationalen
Wirtschaftsaufbau organisierte und schließlich durch ge-
waltsamen Umbau der Gesellschaft die fehlende industrielle Basis aus dem Boden stampfte.

Als ich den Text zu schreiben begann, gab es die Idee eines
Sammelbandes, der aber nicht zustande kam. Die dann
angedachte gemeinsame Herausgabe mit der Gruppe Ar-
beiterpolitik[1] erwies sich nach intensiven Diskussionen als
nicht möglich, weil die auf Heinrich Brandler und August
Thalheimer zurückgehende Traditionslinie sehr lange an
der Möglichkeit einer Weiterentwicklung der Sowjetunion
zur sozialistischen Vergesellschaftung, zur demokratischen
Herrschaft der Produzenten festhielt. Mit zunehmender
Qualifikation der Werktätigen, so die Argumentation, werde die Bürokratie immer mehr Aufgaben in die Gesellschaft zurückgeben müssen. Diese Hoffnung teilte auch ich
gemeinsam mit vielen anderen, solange die Sowjetunion

---

[1] siehe http://www.arbeiterpolitik.de/index.htm

bestand. Heute, wo die SU verschwunden ist, eben weil diese Umgestaltung nicht stattgefunden hat, mag man noch darüber debattieren, an welchem Punkt die Unterwerfung der Arbeiterklasse unter die Herrschaft der Bürokratie unumkehrbar wurde. Wie eine solche durch gewaltsame Industrialisierung sturzgeburtartig hervorgebrachte und unterdrückte Arbeiterklasse zu selbständigem Handeln finden könnte, erscheint mir dagegen heute nicht mehr als weiterführender Diskussionsgegenstand - dieses Problem wird kaum noch einmal auftauchen. Und China ist anders.

Die Aussagen zu den heutigen Perspektiven bleiben notwendig unkonkret. Wie sich die moderne Arbeiterklasse in den kommenden Krisen aufs Neue zur "Klasse für sich" konstituieren wird, steht noch in den Sternen. Die vorliegenden Untersuchungen zu den Interessenlagen der verschiedenen Abteilungen der Arbeitskraftverkäufer*innen darzustellen, war nicht Aufgabe dieses Textes. Prüfstein wird ohnehin die Praxis sein.

Ich danke Marianne, Carlos, Ulf, Bolle und Ingrid für kritisches Gegenlesen, Hinweise und Vorschläge, die ich zum großen Teil berücksichtigen konnte.

Klaus Dallmer, im September 2017

Finsteres Russland

Unsereins lebte Ende des 19. Jahrhunderts in erbärmlichen Zuständen. Man wohnte beengt, oft genug dunkel und feucht; vor Tagesanbruch wälzten sich die Arbeitermassen in die Fabriken, um erst in der Nacht zurückzukehren. Das Wort "Hungerlöhne" stammt aus dieser Zeit. In den Ländern mit erstarkender Industrie konnten die Arbeiter und Arbeiterinnen[2] durch ihre Gewerkschaften und Arbeiterparteien Tausende kleiner Verbesserungen erzielen. Den russischen Arbeitern unter der despotischen Diktatur des Zaren blieben diese kleinen Erleichterungen versagt, der 12-Stunden-Tag galt dort als Fortschritt. Streiks waren Verbrechen gegen die Krone. Widerstand zu leisten war bei den Unterdrückten hoch angesehen, oft genug aber landeten die Gewerkschafter und Revolutionäre im Gefängnis, in der Verbannung, im Exil, wurden gefoltert oder hingerichtet.

Die Millionenmassen der russischen Bauern und Bäuerinnen vegetierten barfuß unter dem Zins- und Pachtsystem der Adligen vor sich hin, ihre Lage war kaum besser als unter der kürzlich abgeschafften Leibeigenschaft[3], und natürlich konnten nur die Wenigsten lesen und schreiben. Sie glaubten an Gott, den Popen und Väterchen Zar. Hungersnöte erzeugten immer wieder Bauernrevolten. Dieses

---

[2] wegen der besseren Lesbarkeit wird meist nur die männliche Form verwendet
[3] die Bauern mussten für ihre Entlassung aus der Leibeigenschaft Entschädigung zahlen

barbarische Kulturniveau, in dem die übergroße Mehrheit
der Bevölkerung vor sich hin zu dämmern gezwungen war,
machte die unfassbare Rückständigkeit Russlands aus.
Abgesichert wurde das System durch den zaristischen Ge-
waltapparat, seine Bürokratie und die Kirche. Die Entwicklung von Handwerksstädten und Manufaktur war in Russland fast ganz ausgeblieben; nur wenige russische Bour-
geois kamen aus dem Handelskapital, es waren dagegen
meist reiche Adlige, die Fabrikbesitzer wurden, oder Aus-
länder. Die importierte Industrie in den Städten[4] diente
vor allem dem militärischen Schritthalten mit den konkur-
rierenden Ländern. Ende des 19. Jahrhunderts setzte eine
massiv staatlich geförderte Industrialisierung ein, die
durch den Eisenbahnbau unterstützt und durch Staatsverschuldung, hohe Steuern und Auspressung der Bauern
finanziert wurde. Weil man im Ausland nur die neuesten
Anlagen kaufte, entwickelte sich eine kleine, aber qualifi-
zierte Arbeiterklasse, die für die geheime sozialistische
Agitation der Arbeiterparteien empfänglich war. Um 1900
gab es etwa 3 Millionen Arbeiter, aber 125 Millionen Bauern in Russland. Das russische Bürgertum blieb klein, im
Zweckbündnis mit dem Zaren und politisch bedeutungslos.
Kleinbürgerliche Zwischenschichten fehlten fast ganz. Die
Armee des Zaren war das ganze 19. Jahrhundert hindurch
eine Bedrohung für alles Fortschrittliche in Europa gewesen - jetzt konnte das Regime mit der modernen kapitalistischen Entwicklung der europäischen Konkurrenten nur

---

[4] vorwiegend englisches und französisches Kapital

noch mit Mühe - und auf Kredit - mithalten. Sein despotischer Charakter blieb unverändert.

Die russische Gesellschaft war in diesem Zustand eingefroren. Wenn es ein europäisches Land gab, wo die Zustände förmlich nach Gesellschaftsumwälzung schrien, so war dies Russland mit seiner ausgebliebenen bürgerlichen Revolution. Anfängliche Hoffnungen auf die Reformbereitschaft des Zaren Alexander I. (bis 1825) wurden enttäuscht; seine Nachfolger Nikolaus I. (bis 1855), Alexander II. (bis 1881) und Alexander III. (bis 1894) bauten trotz zwischenzeitlicher Reformanläufe den Repressionsapparat aus. Unter der verzweifelnden russischen Intelligenz wuchsen die Geheimbünde und Verschwörungen, 1825 wurde der Dekabristen-Putsch niedergeschlagen und die Verschwörer hingerichtet. Es häuften sich die Attentatsversuche gegen die verhassten Zaren. Alexander II. fiel schließlich einer Bombe zum Opfer. Die Intelligenzija sah sich als einzige Trägerin des Fortschritts, brauchte aber offensichtlich Unterstützung im duldsamen Volk, um die versteinerten Verhältnisse in Bewegung zu bringen. Diese Unterstützung suchten die Narodniki (Volksfreunde) in der Bauernschaft: sie gingen als Aufklärer ins Volk und propagierten die soziale Bauernrevolution. Aus der traditionellen russischen Dorfgemeinschaft (Zwangszugehörigkeit, kollektive Landzuteilung und kollektive Haftung für die Abgaben) sollte der Kern eines russischen Sozialismus entstehen, der nicht den Umweg über die kapitalistische Wirtschaftsentfaltung nehmen müsse. Die Bauern und

Bäuerinnen blieben aber trotz Aufklärung weitgehend passiv; ein Teil der Intellektuellen suchte dann die fehlende revolutionäre Klassenbasis durch Terror zu ersetzen.

Als literarisches Vorbild der russischen Intelligenzija wirkte Tschernyschewskis Bestseller "Was tun?", der die Figur eines aufopferungsvollen asketischen Berufsrevolutionärs beschreibt. Der revolutionäre Journalist Peter Tkatschow propagierte die Eroberung des Staatsapparates durch die straff organisierte intellektuelle Elite und ihre anschließende Diktatur, Sergei Netschajew warb in seinem "Revolutionären Katechismus" für revolutionäre Diktatur und skrupellose Regeln der Konspiration.[5]

Im Mai 1887 wurden in der Petersburger Peter-und-Paul-Festung fünf junge Leute am Galgen gehenkt. Sie gehörten dem terroristischen Flügel der Narodniki an und hatten ein Attentat gegen den Zaren Alexander III. geplant. Einer der fünf war der 21jährige Alexander Uljanow. Kurz zuvor hatte er Marx' "Kritik der Hegelschen Rechtsphilosophie" ins Russische übersetzt. Sein jüngerer Bruder, der 17jährige Wladimir, ein hochintelligenter Musterschüler, las sie sofort.

Acht Jahre später berichtet der Sozialist Pawel Axelrod, er habe Uljanow kennengelernt, der ohne jeden Zweifel der Führer der Russischen Revolution sein werde - der wisse,

---

[5] Wie die ganze russische Intelligenz wurde auch Lenin von Tschernyschewski, Tkatschow und Netschajew stark geprägt

was er machen wolle und wie es zu machen sei. "Jetzt haben wir den richtigen Mann."

Der junge Lenin hatte die revolutionäre Literatur seiner Zeit verschlungen und war bald auf die Schriften des 14 Jahre älteren Georgi Plechanow gestoßen, des "Vaters des russischen Marxismus". Plechanow grenzte sich von den offensichtlich erfolglosen Narodniki ab und betonte das unumkehrbare Vordringen des Kapitalismus auch in Russland. Er wies die führende revolutionäre Rolle nicht mehr den Bauern, sondern dem Bürgertum im Bündnis mit der Arbeiterschaft zu. Mit Axelrod und Vera Sassulitsch hatte er schon 1883 im Exil die erste russische marxistische Gruppe "Befreiung der Arbeit" gegründet.[6]

Im Jahr 1891 entwickelte sich eine Hungersnot, die die unfähige Verwaltung des zaristischen Systems derart gründlich diskreditierte, dass sich die kritische Öffentlichkeit verbreiterte und der Marxismus in den demokratischen und akademischen Kreisen modern wurde. In den 90er Jahren nahmen Industrie und Bergbau zudem einen rapiden Aufschwung[7] und die Zahl der Industriearbeiter in Großbetrieben schwoll an - und ebenso blähte sich der zaristische Geheimdienst, die Ochrana, auf. Die Intellektuellen gründeten nun immer wieder Arbeiterbildungsvereine und geheime sozialistische Organisationen, auch durch

---

[6] Die russischen Marxisten verstanden die Marxsche Kapitalanalyse als historisches Entwicklungsmodell, mit dem sie der russischen Gesellschaft endlich eine Perspektive geben konnten.

[7] zu großen Teilen Investitionen ausländischen Kapitals

die Streiks der Fabrikarbeiter 1895/96 befeuert. Ihre Mitglieder wurden fast alle verhaftet. Wladimir Uljanow, wegen seines umfassenden Wissens bereits "der Alte" genannt, hatte 1895 zusammen mit Julius Martow verschiedene marxistische Gruppen zum "Kampfbund zur Befreiung der Arbeiterklasse" zusammengefasst. Auch dieser wurde ausgehoben und Uljanow landete für 14 Monate in Untersuchungshaft.

Verschiedene Gruppen der Volkstümler dagegen hielten noch am Vorrang der Bauernrevolution fest und schlossen sich zur Partei der Sozialrevolutionäre zusammen.

Lenin, die "Ideologie" und die Organisation

Zur Verbreiterung der sozialistischen Bewegung musste man also zunächst die Köpfe möglichst vieler revolutionärer Intellektueller gewinnen und sie überzeugen, dass die Arbeiterklasse Trägerin der Revolution sein werde. Und so beschrieb Uljanow in seiner sibirischen Verbannung die Entwicklung des russischen Kapitalismus als unumkehrbar und als eigenständige Akkumulation, gestützt auf den inneren Markt, mit einer stark wachsenden Arbeiterklasse, indem er die als historisches Industrialisierungsschema verstandene Marxsche Kapitalanalyse durch statistisches Material zu belegen suchte. [8] Dies sollte nicht das einzige Mal bleiben, dass sich Uljanow, der sich erst ab 1901 Lenin

---

[8] Lenin, Die Entwicklung des Kapitalismus in Russland

nannte, die Theorie für seine praktischen Zwecke etwas zurechtbog. Später im Kriegskommunismus brach die kleine, einseitig ausgerichtete und vom Ausland abhängige industrielle Basis Russlands denn auch fast völlig zusammen.

Lenin strahlte Willenskraft, Überzeugung und Optimismus aus; seine Entschlossenheit zum Sturz des Zarenregimes, seine taktische Begabung und die radikale Gedankenschärfe seiner Reden und Schriften, aber auch sein unbedingter Herrschaftswille machten ihn bald zum wichtigsten Führer der russischen Sozialdemokratie. Er hatte die Fähigkeit, komplizierte Sachverhalte mit einfachen Worten zu erklären - die Arbeiter verehrten ihn dafür. Am Gründungsparteitag der SDAPR[9] 1898, der wegen der Illegalität ein sehr kleiner Kreis war, hatte er noch nicht teilgenommen. Seit 1900 im Exil, gab Lenin mit Plechanow und anderen die "Iskra" heraus; die Zeitung wurde auf geheimen Wegen nach Russland geschmuggelt. 1902 erschien sein "Was Tun?", das neben der autoritären Prägung durch die russische Intelligenzija-Tradition noch etwas anderes zeigte: Lenin nahm die deutsche Sozialdemokratie ernst - ein Trugschluss, dem damals viele internationale Sozialisten aufsaßen.

Die größte sozialdemokratische Partei, die deutsche, war zu jener Zeit Vorbild aller Sozialisten. Unter Sozialisten sprach man Deutsch. Die SPD war in der nichtrevolutionä-

---

[9] Sozialdemokratische Arbeiterpartei Russlands

ren Zeit nach der gescheiterten 48er Revolution gewachsen und deshalb nie über ein formales Bekenntnis zur sozialistischen Revolution hinausgekommen; die Kleinarbeit zur Verbesserung der Lebensumstände hatte unter der Oberfläche die reformistische Vorstellung wachsen lassen, die Partei müsse nur irgendwie irgendwann den Staat übernehmen. Marx und Engels haben sich und anderen darüber oft genug die Haare gerauft. Dem entsprach die Denkweise des Parteizentrums, dass die bereits in kapitalistischer Form vergesellschaftete - zu Konzernen, Trusts und Monopolen zusammengefasste - Großindustrie nach einem sozialdemokratischen Wahlsieg bloß verstaatlicht zu werden bräuchte. Der Umschlag in die tatsächliche, die sozialistische Vergesellschaftung durch die kollektive Inbesitznahme der Betriebe durch die Produzenten war zu aufregend und kam in diesem bequem gewordenen Denken selten vor, und ebenso wenig deren direkte Herrschaft, obwohl diese von Marx als die "endlich gefundene Form" der Diktatur des Proletariats[10] bezeichnet worden war.

Die Linken in der SPD kämpften über Jahrzehnte unter intellektueller Führung Rosa Luxemburgs gegen diese Staats- und Organisationsgläubigkeit - für Marx war die Partei lediglich ein Propagandainstrument gewesen. Karl Kautsky als führender Theoretiker und Repräsentant der

---

[10] Marx, Bürgerkrieg in Frankreich

verbalrevolutionären Richtung[11] des Parteizentrums hatte folgerichtig ein instrumentelles Verhältnis zur Arbeiterklasse, die als Basis der Parteiarbeit willkommen war - das sozialistische Bewusstsein sei aber Produkt von Intellektuellen, und die Partei müsse es in die Arbeiterklasse hineintragen.

Lenin hielt das deutsche Parteizentrum für ein ideologisch gefestigtes Vorbild, und Kautskys Denken passte ihm gut ins Konzept. Die Übernahme dieses marxfernen Ansatzes in seiner Schrift "Was Tun?" entsprang Lenins typisch russischer Überbewertung der theoretischen Aufklärung durch die Intelligenzija: die richtige Ideologie müsse in die Arbeiterklasse hineingetragen werden, um eine proletarische Avantgarde zu bilden, und die Reformisten müsse man bekämpfen, damit sie nicht ihre falsche und verräterische Ideologie verbreiten könnten. Hier zeigt sich bereits eine Wurzel der späteren Herrschaftsverengung in Russland und der Selbstisolierung der außerrussischen kommunistischen Parteien. Zur Erinnerung: Marx hielt für die Bewusstseinsentwicklung jeden Schritt wirklicher Bewegung für wichtiger als ein Dutzend Programme.[12] Für Lenin dagegen war die spontane Bewegung der Arbeiter prinzipiell beschränkt, sie könne nur zu gewerkschaftlichem

---

[11] Kautsky saß dann auch 1919 einer zahn- und ergebnislosen Sozialisierungskommission vor, die "sozialisierungsreife" Betriebe der sozialdemokratischen Reichsregierung zur Verstaatlichung von oben vorschlagen sollte und der Arbeiterklasse damit Sand in die Augen streute.
[12] Marx, Kritik des Gothaer Programms

Bewusstsein führen, und müsse weiterentwickelt werden zur Anleitung durch die revolutionäre Partei. Ideologische Klarheit verstand er als ein Resultat des intellektuellen Willens, und es galt sie zu bewahren durch einen hierarchischen Parteiaufbau, in dem die Zentrale die Befehlsgewalt über die Parteigliederungen hat - die demokratische Komponente ist darauf beschränkt, dass das Zentralkomitee die Informationen und Meinungen der Basis zur Kenntnis nimmt, die in demokratischen Zeiten auch wählen darf. Lenin verkleidete hier seine Tkatschow/Netschajewsche Parteikonzeption und die traditionelle anleitende Rolle der russischen Intelligenzija als Marxismus. Die Debatte um die Dialektik von Reform und Revolution[13] hatte er offensichtlich als Kampf von Ideologien missverstanden; erfolgreiche reformerische Praxis als Grundlage der spießbürgerlichen Verarbeitung von Kampferfolgen zu reformistischer Theorie gab es in Russland kaum, und so hielt Lenin die Revisionen der marxistischen Theorie für Verrat und fehlerhaftes Denken, das das Kleinbürgertum in die Arbeiterklasse hineintrage. Die russische Revolution verlief dann später anders als durch die "richtige" ideologische Aufklärung: die Massen revolutionierten sich und griffen nach der Politik. 1902 fielen Lenins Vorstellungen von Konspiration, Hierarchie und Disziplin bei den aktionsbereiten russischen Revolutionären angesichts der zaristischen Despotie aber auf fruchtbaren Boden.

---

[13] siehe Rosa Luxemburg: Sozialreform oder Revolution?

Lenins Antrieb war durchaus ein ehrenwerter: die sozialdemokratischen Zirkel waren zersplittert und im Untergrund in ihrer Tätigkeit beschränkt. Ihre Mitglieder wurden immer wieder verhaftet, die Arbeit unterbrochen. Ein Teil der Bewegung hatte die Not zur Tugend gemacht und aus Westeuropa den Reformismus übernommen, der sich auf greifbare Resultate im ökonomischen, gewerkschaftlichen Kampf beschränken wollte, auf das, was den Arbeitern aus ihrer direkten Erfahrung spontan einsichtig war. Erst einer in wirtschaftlichen Kämpfen erstarkten Arbeiterklasse wollten diese "Ökonomisten" politische Aufgaben zumuten und verbaten sich die Überforderung durch die abgehobenen "politischen" Intellektuellen. Der Sturz des Zarismus rückte so in weite Ferne. Lenin witterte dahinter Bequemlichkeit und Untätigkeit, den Verzicht auf die Aufgabe, die Perspektive der Revolution gesellschaftlich herauszubilden. Auch die westeuropäische marxistische Strategie, das Erstarken der Arbeiterklasse in wirtschaftlichen und politischen Kämpfen mit der Hinleitung zur Revolution zu verbinden - eine Vorgehensweise, die dem Reformismus feindlich gegenüberstand - schien ihm auf die konspirativen Bedingungen Russlands nicht zu passen. Lenin fasste beide Ansätze unter "Anbetung der Spontaneität", der er sein "Hineintragen" der politischen Aufklärung und Ziele durch die Zentrale entgegensetzte. Sein Mittel dazu sollte die sozialdemokratische Zeitung sein, die alle gesellschaftlichen Bereiche in ihre Propaganda einbezog und nicht nur Schilderungen von lokalen Fabrikmissständen und Streiks.

Der übergreifende politische Zusammenhang würde auch die Zersplitterung und "Handwerkelei" der sozialdemokratischen Gruppen überwinden. Aus dem geheimen Kreis der Zeitungsschmuggler, Verbreiter und Vervielfältiger sollte sich die eingeschworene Parteigemeinschaft herausbilden, unterstützt von ausgesuchten Kadern, die sich nach Möglichkeit hauptberuflich der revolutionären Agitation und Propaganda zu widmen hätten. Die Organisation von Berufsrevolutionären sollte "dem politischen Kampf Energie, Zähigkeit und Kontinuität" verleihen, die Revolution sei "der Angriff einer regulären Armee, nicht aber ein spontaner Ausbruch der Menge." Je systematischer diese Armee organisiert sei, "um so wahrscheinlicher ist es, dass diese Armee von der Menge nicht überrannt wird, sondern in den vordersten Reihen und an der Spitze der Menge stehen wird." Nach Lenins Vorstellung sollte es die Partei sein, die "den allgemeinen bewaffneten Volksaufstand vorbereitet, ansetzt und durchführt."[14] Im Februar 1917 kam es dann bekanntlich genau umgekehrt: die Revolutionäre erkannten die Revolution nicht, weil sie nicht ihren organisatorischen Vorstellungen entsprach, und mussten ihr nachtraben - die spontanen Massen stürzten den Zaren innerhalb einer Woche.

Rosa Luxemburg, selbst eine originäre Kennerin der russischen Verhältnisse, wies Lenin in der Organisationsdebatte darauf hin, dass die russische Massenbewegung es immer

---

[14] Lenin, Was Tun?, S.223

wieder verstanden habe, die absolutistischen Schranken niederzurennen. Lenins Parteiaufbau per Zentralebeschluss hielt Luxemburg die Dialektik der Organisationsentwicklung entgegen: Die sozialdemokratische Aktion " wächst historisch aus dem elementaren Klassenkampf heraus. Sie bewegt sich dabei in dem dialektischen Widerspruch, dass hier die proletarische Armee sich erst im Kampfe selbst rekrutiert und erst im Kampfe auch über die Aufgaben des Kampfes klar wird. Organisation, Aufklärung und Kampf sind hier nicht getrennte, mechanisch und auch zeitlich gesonderte Momente, wie bei einer blanquistischen Bewegung, sondern sie sind nur verschiedene Seiten desselben Prozesses. Einerseits gibt es – abgesehen von allgemeinen Grundsätzen des Kampfes – keine fertige, im voraus festgesetzte detaillierte Kampftaktik, in die die sozialdemokratische Mitgliedschaft von einem Zentralkomitee eingedrillt werden könnte. Andererseits bedingt der die Organisation schaffende Prozess des Kampfes ein beständiges Fluktuieren der Einflusssphäre der Sozialdemokratie. Daraus ergibt sich schon, dass die sozialdemokratische Zentralisation nicht auf blindem Gehorsam, nicht auf der mechanischen Unterordnung der Parteikämpfer unter ihre Zentralgewalt basieren kann und dass andererseits zwischen dem bereits in feste Parteikader organisierten Kern des klassenbewussten Proletariats und der vom Klassenkampf bereits ergriffenen, im Prozess der Klassenaufklärung befindlichen umliegenden Schicht nie eine absolute Scheidewand aufgerichtet werden kann."[15] Der notwendige Zentralismus könne nur ein "Selbstzentralismus" der Klasse sein - notwendig sei die Befruchtung der Parteitätigkeit und nicht ihre Einengung.

Trotzki, zu dieser Zeit noch Anhänger des Konzepts der marxistischen Massenpartei, wirft Lenin einen in Westeuropa längst überwundenen Jakobinismus vor, der eine "Diktatur über das Proletariat"[16] errichten wolle.

Parteispaltung

Auf dem 2. Parteitag 1903 kam es dann zur Spaltung anhand der Frage, ob die Partei Lenins Konzept folgen oder einen offenen, demokratischen Charakter haben solle. Eine zufällige Stimmenmehrheit nutzte die Leninfraktion, um sich Mehrheitler (Bolschewiki) zu nennen. Der Gegensatz zu den Minderheitlern (Menschewiki) unter Martow, die Lenin diktatorische Ambitionen vorwarfen, ließ sich künftig nicht mehr überwinden. Die Bolschewiki verstanden sich fortan als Kaderpartei von Berufsrevolutionären, ihre Gliederungen waren der Zentrale untergeordnet. Auf dieser Basis gelang es Lenin in der Folge, eine kleine, aber feste Parteiorganisation in der Illegalität aufzubauen. Trotz aller Widersprüche und Fraktionskämpfe blieb die formale Einheit der Sozialdemokratischen Arbeiterpartei aber bis 1912 bestehen - im russischen Untergrund arbeitete man

---

[15] Luxemburg, Organisationsfragen der russischen Sozialdemokratie
[16] Trotzki, Unsere politischen Aufgaben

ohnehin oft zusammen und viele Mitglieder verstanden die Unterschiede nicht.

Lenins Organisationskonzept, das endlich einen konkreten Weg vorschlug, wie der Sturz des Zarismus anzugehen sei, zog die Arbeiter und die aktiveren handlungsbereiten Kräfte an - und so kam es, dass die Bolschewiki auch die radikaleren Positionen vertraten.

Das Problem der Millionenmassen landloser Bauern einerseits und des riesenhaften Großgrundbesitzes der Adligen andererseits drängte seit Langem zur Lösung. Es lag auf der Hand, dass der Sturz des Adels der Hauptinhalt der kommenden Revolution sein werde, dass eine ungeheure Bauernrevolution zur Neuverteilung des Bodens bevorstand. Aber wer sollte sie in den Städten tragen? Die russische Bourgeoisie war zahlenmäßig und in ihrer gesellschaftlichen Bedeutung viel zu schwach, um in einer Revolution die Enteignung des Großgrundbesitzes durchführen und andererseits ihr eigenes Eigentum gegen das Proletariat verteidigen zu können. Sie stand darum an der Seite des Adels und konnte nicht Trägerin der Revolution sein. Es stand ein Paradoxon an: eine bürgerliche Revolution ohne die Bourgeoisie.

Die traditionell orientierten russischen Marxisten sahen deshalb die Arbeiter und Bauern als Subjekte der kommenden Revolution an, betonten aber die Unreife der Produktivkräfte für den Übergang zu einer sozialistische Revolution. Das Proletariat und die Sozialdemokratie

müssten zwar die Revolution durchführen, sich dann aber -
nach dem Sturz der Adelsherrschaft - beschränken auf die
Unterstützung einer bürgerlichen Demokratie ohne selbst
der Regierung beizutreten. Dann werde der Kapitalismus
die Produktivkräfte entwickeln und die Voraussetzungen
schaffen für eine spätere Machtübernahme durch das
Proletariat. Damit ließen die Traditionalisten aber die Seite
der politischen Entwicklungen außer Acht: politisch war
auch dem Proletariat der Pariser Kommune die Macht
zugefallen, ohne dass die Produktivkräfte "reif" waren. Die
Politik der Duldung einer bürgerlichen Regierung sollte
1917 den Menschewiki anfangs die Mehrheit bescheren
und sie dann in die Niederlage führen.

Vorwärtsdrängende Revolutionäre konnten sich mit einer
solchen Rolle eines Steigbügelhalters für die Bourgeoisie
nicht abfinden und suchten eine eigene Bedeutung und
ein eigenes Ziel, das aber wegen der ungeheuren zahlen-
mäßigen Überlegenheit der Bauern nicht die alleinige
Herrschaft der Arbeiterklasse sein konnte. Lenin nahm zu
dem theoretischen Konstrukt der "revolutionär-
demokratischen Diktatur der Arbeiter und Bauern" Zu-
flucht[17], um seine Partei zusammenzuschmieden und auf
Machtergreifung auszurichten. Damit hielt auch er zunächst schematisch an der marxistischen Abfolge der Ge-
sellschaftsformationen fest: die Arbeiter und Bauern sollten zwar die Regierung übernehmen, aber angesichts der

---

[17] Lenin, Zwei Taktiken der Sozialdemokratie in der demokratischen Revolution

russischen Rückständigkeit das bürgerliche Privateigentum respektieren, sich also auf Errichtung einer bürgerlichen Gesellschaft unter ihrer Führung beschränken.

Trotzki, der von Parvus[18] beeinflusst war und eine Fraktion zwischen Menschewiki und Bolschewiki anführte, kritisierte Lenins Position heftig: die revolutionäre Diktatur werde von den Arbeitern sofort gezwungen, zur Enteignung der Kapitalisten und somit zu sozialistischen Maßnahmen überzugehen, die Revolution werde sich permanent weiterentwickeln von der bürgerlichen zur sozialistischen Revolution[19]. Trotz des Interessengegensatzes zu den Bauern, die an ihrem Kleineigentum festhalten würden, sei der Sieg der russischen Arbeiter im Bündnis mit den Arbeiterklassen der entwickelten Länder möglich, in der Weltrevolution, die durch die internationale Verflechtung der kapitalistischen Wirtschaft auf die Tagesordnung gesetzt sei und für die die russische Revolution das Fanal sein werde. Unter dem Eindruck des Weltkrieges setzte dann später auch Lenin auf die sozialistische Weltrevolution.

---

[18] Alexander Parvus war der Deckname von Israel Helphand, zusammen mit Trotzki im Petrograder Arbeiterrat während der 1905er Revolution, damals noch ein angesehener und brillianter revolutionärer Marxist
[19] Marx und Engels erwähnten eine solche Möglichkeit, siehe Ansprache der Zentralbehörde an den Bund vom März 1850

Japanischer Krieg und 05er Revolution

Die staatliche Förderung der kriegswichtigen Schwer- und Produktionsmittelindustrie führte zu einem hohen Budgetdefizit, zu enormer Staatsverschuldung und zu starker Abhängigkeit von ausländischem, vor allem französischem Kapital. Die Kosten dafür wurden den Bauern über Steuern, Pachten und Abzahlungen abgepresst. Die Steuerschraube hatte auch den ausgedehnten unproduktiven zaristischen Verwaltungs- und Unterdrückungsapparat zu finanzieren und lastete ebenfalls auf dem Kleinbürgertum, dessen Kaufkraft wie die der Bauern minimal blieb. Es konnte sich so kein akkumulierender innerer Markt entwickeln, der bedeutende Steuereinnahmen erbracht hätte. Imperialistische Eroberungen sollten den Haushalt entlasten. So geriet Russland im Osten in Konflikt mit dem japanischen Imperialismus. Im Januar 1904 begann der Krieg mit Japan, und bald zeigte sich die Inkompetenz der militärischen Führung und der zaristischen Verwaltung. Russland erlitt eine schwere Niederlage. Oppositionelle Strömungen des Bürgertums und der Intelligenzija erstarkten und forderten Verfassung und Nationalversammlung. Das Regime reagierte mit Repression. Die Kriegsausgaben führten zu enormen Versorgungskrisen.

Im Januar 1905 mündete ein Streik von 120.000 Arbeitern in Petersburg in eine religiöse Bittdemonstration zum Zarenpalast. Die Infanterie schoss in die Menge und die Kosaken säbelten die Arbeiter nieder. Angesichts von über 200 Toten und Tausenden Verletzten schlug die Hilflosigkeit in Wut um. Der Mythos vom "Guten Zaren" war zerstört. Die Streiks weiteten sich in den Tagen danach im ganzen Land gewaltig aus. An vielen Orten griff das Militär streikende Arbeiter an und tötete Demonstranten, in Odessa blieben 2000 Tote auf dem Pflaster. Das Regime konnte dennoch nicht verhindern, dass es gesellschaftlich in die Defensive geriet. Die Arbeiter radikalisierten sich immer stärker, gründeten Räte und wandten sich den sozialistischen Parteien zu. Die Bauern stürmten an die 3.000 Herrenhäuser und brannten sie nieder. Sie eigneten sich das Land an und bildeten lokale Bauernrepubliken. Im Militär kam es zu Meutereien. Die Bewegung gipfelte schließlich Ende des Jahres in einem Generalstreik, der das gesamte Land lahmlegte. In Petersburg wurde er durch den Arbeiterrat geleitet, zu dessen Vorsitzendem schließlich der begnadete Redner Trotzki gewählt wurde. Die Mehrheit war hier menschewistisch; die Bolschewiki sahen die spontane Aktivität der Arbeiterklasse noch mit Misstrauen. Die von Trotzki und Parvus redigierte Zeitung erreichte eine Auflage von einer halben Million. Aus Furcht vor der Revolution zwangen die Höflinge dann im Oktober den Zaren zum Einlenken: bürgerliche Freiheiten und demokratische Wahlen wurden zugesagt. Die Bevölkerung feierte ihren Sieg. Nun gab es Presse- und Versammlungsfreiheit und das demokratische Leben blühte auf.

Die liberalen Oppositionellen strömten in neu gegründete Parteien, vor allem in die der Konstitutionellen Demokraten (Kadetten). Die Erwartung auf Reformen durch die

Duma (Parlament) ließ den revolutionären Elan und den Generalstreik jedoch versiegen und spaltete die einheitliche Front gegen das zaristische Regime. Lenin und die Bolschewiki agitierten erfolglos für seinen Sturz. Die Regierung nutzte dann Streiks in Petersburg im November, um den Petersburger Arbeiterrat zu verhaften. Daraufhin beschloss der Moskauer Arbeiterrat den Generalstreik, der sich zum Aufstandsversuch ausweitete. Nach wenigen Tagen wurde das letzte Moskauer Arbeiterviertel zusammengeschossen. Tausende wurden hingerichtet. Bauernrevolten gab es noch bis 1907, sie wurden blutig niedergeschlagen, die Kosaken massakrierten 15.000 Bauern. Auf der anderen Seite hatten die völkisch-monarchistischen Schwarzhundertschaften starken Zulauf und organisierten mit Unterstützung der zaristischen Regierung mörderische Judenpogrome - der Zar und die Rechte gaben den Juden die Schuld an der Revolution.

Die demokratische Bewegung hatte nicht zu einem gemeinsamen Vorgehen gefunden. In der Folgezeit schränkte die Regierung das Wahlrecht immer weiter ein und nahm die Reformen zurück, da sie nun wieder verlässliche reaktionäre Truppen hatte und sich sicher fühlte. Als Resultate blieben eine Desillusionierung der demokratischen Bewegung, das Bewusstsein, dass die nationalen Interessen beim Zaren in schlechten Händen waren, die verhaltene Wut und der Hass der Arbeiter und Bauern, und ein Zusammenrücken der besitzenden Klassen. Das sollte als Ausgangsbasis für die nächste Runde eine bedeutende

Rolle spielen. Und es war deutlich geworden, dass in der verspäteten bürgerlichen Revolution Russlands das Proletariat eine viel größere Rolle spielen würde als in den vorhergehenden westeuropäischen Revolutionen, dass es an der Schwelle zur Machtergreifung stand. Geheime Gruppen revolutionserfahrener Arbeiter wirkten in den Fabriken.

Der Zar setzte Pjotr Stolypin, der sich bei der Niederschlagung der 05er Revolution einen Namen gemacht hatte, als Regierungschef ein. 1907 löste Stolypin die Duma auf. Die Proteste führten zu Attentaten und Ermordungen von hohen Staatsbeamten. Stolypins Standgerichte antworten mit 5.500 Todesurteilen. Seine Landreformen von oben erbrachten nur eine geringe Anzahl reicher Bauernwirtschaften, die keine wesentliche Stütze des Systems werden konnten. Die Industrie war nicht in der Lage, die ländliche Überbevölkerung aufzunehmen und so verharrte die große Masse der Bauern in der Dorfgemeinde und in der Subsistenzwirtschaft. Der innere Markt kam nicht in Schwung. Stolypin selbst wurde 1911 Opfer eines Attentats. Auf alle zaghaften Vorschläge der bürgerlichen Opposition reagierte der Zar mit Abschottung und Repression. Nur eine beratende Duma mit eingeschränktem Wahlrecht wurde wieder zugelassen. Die Flut der Widersprüche staute sich höher. Immer wieder kam es zu Streiks und Revolten. 1912 wurden streikende Goldminen-Arbeiter vom Militär erschossen, landesweite Proteste waren die Folge. 1914 gab es Barrikaden in St.Petersburg.

Weltkrieg

Eroberungslüstern und blutrünstig wie die anderen imperialistischen Mächte trat Russland 1914 in den Weltkrieg ein[20] und warf Millionen einfacher Menschen für die Profitinteressen der herrschenden Klassen in den Tod. Die auch in Russland grassierende nationalistische Kriegsbegeisterung verschob die Revolution zunächst von der Tagesordnung. Für alle ernsthaften Sozialisten war die Eingliederung der sozialistischen Parteien in ihre jeweiligen nationalen Kriegsfronten eine niederschmetternde Katastrophe. Die II.Internationale war beim ersten Kanonendonner zusammengebrochen. Lenin war entsetzt, dass sein Vorbild, die deutsche Sozialdemokratie, nicht nur keinen Widerstand gegen den Krieg geleistet, sondern die Kriegskredite auch noch bewilligt hatte.[21] Die wenigen verbliebenen Linken fanden sich auf internationalen Konferenzen zusammen und waren sich einig, den Krieg sobald als möglich durch den Sturz des Kapitalismus zu beenden. Lenin analysierte den Krieg als zwangsläufige Folge der Aggressivität des Imperialismus, des Kampfes der großen, mit dem Finanzkapital zu Monopolverbänden verschmolzenen Trusts und Kartelle um die Neuaufteilung der

---

[20] Die Sowjetregierung veröffentlichte später tausende von Geheimdokumenten, die die imperialistischen Absichten belegten. Ein russisches Kriegsziel war die Eroberung Konstantinopels und der Dardanellen.
[21] Die Ausgabe des "Vorwärts", in der die Zustimmung begründet wurde, hielt er für eine Fälschung.

Welt, der nur durch die Abschaffung des Kapitalismus beseitigt werden könne und den Sozialismus auf die Tagesordnung setze.[22]

In Russland offenbarte der Verlauf des Krieges von Anfang an erneut die Unfähigkeit des zaristischen Systems und die industrielle Rückständigkeit. Die Armeeführung opferte Hunderttausende schlecht ausgerüsteter russischer Soldaten in aussichtslosen Schlachten. Die Waffenproduktion kam nicht hinterher, nur durch die Lieferungen und Kredite der Alliierten konnte die Front gegen die Mittelmächte aufrechterhalten werden. Der anfängliche Patriotismus begann zu bröckeln. Wegen der Kriegsproduktion wurden landwirtschaftliche Geräte kaum noch hergestellt, sie konnten auch nicht mehr importiert werden. Der Getreideexport als Einnahmequelle fiel aus. 15 Millionen Solda-

---

[22] Lenin, Der Imperialismus als höchstes Stadium des Kapitalismus. - Statt sie aus der Kapitalverwertung abzuleiten, konstruierte Lenin aus den Erscheinungsformen der fortschreitenden kapitalistischen Konzentration und der staatlichen Koordinierung im Krieg eine neue Etappe des Kapitalismus, die schon so weit vergesellschaftet sei, dass die Ablösung der Bourgeoisie von den Kommandohöhen dieses Staatsmonopols durch Arbeitervertreter nötig und möglich sei. Die kapitalistische Form der Vergesellschaftung der Produktion erschien ihm als allgemeingültig, sie musste nur übernommen werden. Die Bindung von Teilen der Arbeiterklasse an das imperialistische System erklärte er mit Bestechung der Arbeiteraristokratie mittels Profiten, die aus der Ausbeutung der Kolonien gewonnen waren, und revidierte damit auch die Marxsche Werttheorie. Hier liegt eine der Ursachen der späteren Beschimpfungspolitik der außerrussischen KPen gegen die reformistischen Arbeiter.

ten wurden ausgehoben, die in der Landwirtschaft fehlten, die Pachten konnten nicht mehr bezahlt werden. Die Inflation erreichte schließlich 700% und die Versorgung brach zusammen. Streiks und Hungerrevolten waren die Folge. In der Armee kam es zu Meutereien und Desertionen. Lenin und die Bolschewiki propagierten die Umwandlung des Krieges in die Revolution, aber noch im Januar 1917 glaubte Lenin selbst nicht recht an eine solche Möglichkeit.[23] Die Massen handelten zur Überraschung aller Revolutionäre ganz von allein.

Februar 1917: Revolution!

Schon 1916 hatte es immer wieder Streiks und Brotunruhen gegeben. Im Februar 1917 plünderten proletarische Frauen in der Hauptstadt nach einer Lebensmittelrationierung vier Tage lang Lebensmittelgeschäfte. Am 23. Februar 1917 (nach altem Kalender)[24] drang eine Demonstration von 90.000 streikenden Arbeiterinnen bis ins Petrograder Stadtzentrum vor, sie forderten Brot.[25] Am nächsten Tag schlossen sich die großen Werke dem Streik an. Die De-

---

[23] "Wir, die Alten, werden vielleicht die entscheidenden Kämpfe dieser Revolution nicht erleben." Lenin am 9.Januar 1917
[24] alle Datumsangaben nach altem, julianischen Kalender bis zur Umstellung am 1. Februar/ 14. Februar 1918
[25] Nach neuem Kalender war es der 8. März; zur Ehre dieser Frauendemonstration wurde dieser Tag später zum Internationalen Frauentag deklariert

monstrationen wuchsen an und wurden im Zentrum von der Polizei auseinandergetrieben. Die Führer der revolutionären Parteien glaubten noch immer, es handele sich nur um Brotunruhen. Am 25. Februar standen alle Fabriken still und riesige Menschenmengen ergossen sich in die Innenstadt; die Polizei war chancenlos und die Kosaken solidarisierten sich mit den Demonstranten. Am nächsten Morgen versuchte das Militär vergeblich, die Stadt abzuriegeln - die Massen ließen sich nicht aufhalten und strömten ins Stadtzentrum. Dann wurde geschossen. Zwar gehorchten nur wenige Militäreinheiten dem Feuerbefehl, dennoch gab es 150 Tote. Die Bewegung schien geschlagen. In der folgenden Nacht aber gärte es in der Garnison. Die Soldaten meutern, angewidert von dem Massaker, zu dem man sie benutzt hatte. Am Morgen teilten die Soldaten ihre Waffen und Munition mit den Arbeitern, 40.000 Gewehre wurden ausgegeben, bewaffnete Demonstrationen überschwemmten die Stadt. Scharfschützen der Polizei schossen noch auf die Aufständischen, aber übergelaufene Kosaken stürmten die letzten Widerstandsnester. Höhere Offiziere, Polizisten und zaristische Beamte wurden gejagt, und die Gefängnisse geöffnet. In einer riesigen spontanen Versammlung bildete sich der Petrograder Arbeiterrat neu, mit einer überwältigenden Mehrheit der Menschewiki und der Sozialrevolutionäre. Sein Exekutivkomitee wollte jedoch nicht selbst regieren, sondern trug einer Gruppe bürgerlicher Duma-Abgeordneter die Bildung einer Regierung an; in diese selbsternannte Provisorische

Regierung trat dann als einziger Sozialist der Vizepräsident des Sowjets, der hochangesehene Sozialrevolutionär Kerenski ein. Der Arbeiterrat stellte Milizen auf und organisierte die Versorgung der Hauptstadt.

Der Zar schickte von der Front aus noch Truppen zur Niederschlagung des Aufstands, aber die Eisenbahner unterbanden ihren Transport - und als die Soldaten ankamen, liefen sie zu den Aufständischen über. Wie die Streikausschüsse der Arbeiter wählten nun auch die Soldaten ihre Delegierten zum Sowjet, der zum Arbeiter- und Soldatenrat wurde. Sein Befehl Nummer 1 unterstellte alle Fronttruppen dem Petrograder Sowjet. Die Armee bestand zum allergrößten Teil aus Bauern. Als die Unzufriedenheit in der Armee nun nach 3 Jahren Krieg und 2 Millionen Toten aufzuplatzen begann, sah man in Kampfgruppen zusammengefasste bewaffnete Bauern, die ihre adligen Offiziere absetzten.

Angesichts seiner Machtlosigkeit opferte der Generalstab am 2. März die Monarchie und drängte den Zaren zur Abdankung. Russland jubelte. Die Massenerhebung der Arbeiterklasse hatte die zaristische Despotie gestürzt - koordiniert von Komitees revolutionserfahrener Arbeiter, zwar beeinflusst von der jahrelangen ausdauernden Aufklärung durch die revolutionären Parteien, aber in keiner Weise von Ihnen angeleitet. Lenins autoritäre Parteiorganisation war dafür nicht nötig gewesen. Die Macht lag jetzt völlig in Händen des Petersburger Sowjets, der einzigen vom Volk legitimierten Institution. Es waren aber keine politischen

Kräfte da, die darauf gedrängt hätten, dass er seine Macht auch ausüben solle - so teilte er sie freiwillig mit der Provisorischen Regierung. Das begründete eine langandauernde Doppelherrschaft, in der sich die Gewichte mal zur einen, mal zur anderen Seite verschoben. Alle konservativen Kräfte, soweit sie nicht bereits verjagt oder geflohen waren, sammelten sich nun hinter der Provisorischen Regierung, die sich mit den wirtschaftlich weiterhin bestimmenden Kapitalisten arrangierte. Das Proletariat aber hatte die Organisationsfreiheit erlangt. Die Zahl der Gewerkschaften und Berufsverbände schwoll rapide in ganz Russland an. Die Fabrikräte konnten sich nun frei bewegen und organisierten Arbeitskämpfe. Die Fabrikarbeiter verstanden aber nicht, warum "ihr" Sowjet die Macht an die bürgerliche Regierung abtrat, die ihren Bestrebungen überall Widerstand entgegensetzte.

Aus diesem Verlauf der Revolution, der anders war als von ihm prognostiziert, zieht Lenin die Konsequenzen und dreht seine Politik. Weitsichtig, aber völlig unverstanden warnt er seine Partei schon von seinem Schweizer Exil aus vor der Zusammenarbeit mit der Provisorischen Regierung. Ihm ist klar, dass die drängendsten Probleme der Arbeiter und Bauern, die Landfrage und der Krieg, vom Bürgertum nicht gelöst werden können, weil die Bourgeoisie dabei gegen ihre Eigentumsinteressen handeln müsste. Man konnte in Russland nicht den Adel enteignen und das Kapital ungeschoren lassen. Nur die Massen selbst könnten die Probleme lösen und die bürgerliche Revolution müsse in die sozialistische übergehen[26]. Im allgemeinen Versöhnungstaumel der siegreichen Revolutionäre findet er kein Gehör. Seine Partei hält noch am Etappenschema fest, wonach es Aufgabe der Sozialisten sei, lediglich die Rechte der Arbeiter in der bürgerlichen Gesellschaft abzusichern. Bolschewistische Arbeiter protestieren zwar gegen diesen Anpassungskurs[27], aber die Petrograder Parteileitung bereitet sogar eine Wiedervereinigung mit den Menschewiki vor.

Große Teile Russlands waren von deutschen Armeen besetzt. Gebietsverluste aber wollten Soldaten, Sowjet und Provisorische Regierung nicht hinnehmen. Der Krieg ging also weiter unter dem Kommando der Offiziere, die sich dem neuen Regime angepasst hatten.

Am 3. April 1917 trifft Lenin in Russland ein. Bei seinem Empfang auf dem Bahnhof und auf gemeinsamen Versammlungen von Menschewiki und Bolschewiki hält er Reden über den bewaffneten Aufstand, Sozialismus und die internationale Revolution gegen die Kapitalisten, die den Zuhörern völlig unverständlich sind. Er revidiert damit die bisherige bolschewistische Theorie, dass die Arbeiterklasse zwar handelndes Subjekt sein, sich aber auf das Ziel einer bürgerlichen Republik beschränken solle. Das ZK der Bolschewiki verwirft seine Thesen - nur Alexandra Kollontai unterstützt ihn. Nach Widerständen Kamenews und

---

[26] Damit ist Lenin auf Trotzkis Position übergegangen.
[27] und verlangen den Ausschluss Stalins und Kamenews

36

Stalins druckt die Prawda erst am 7. April Lenins Thesen ab, die als "Aprilthesen" in die Geschichte eingegangen sind:

- gegen die Fortsetzung des imperialistischen Krieges;
- Aufklärung über die Verlogenheit der Versprechungen der Provisorischen Regierung;
- Machtergreifung des Proletariats und der armen Schichten der Bauern, Übergang der Staatsgewalt auf die Arbeiterräte, Schaffung einer Republik von Arbeiter- und Bauernräten;
- Abschaffung der Polizei, der Armee und des Beamtentums - Wählbarkeit der Beamten;
- Enteignung des gesamten Bodens, Bodenzuteilung durch die Landarbeiter- und Bauernräte;
- Verschmelzung der Banken zur Nationalbank, kontrolliert durch den Arbeiterrat;
- Kontrolle von Produktion und Verteilung durch die Arbeiterräte;
- Parteitag zur Änderung des Programms;
- Erneuerung der Internationale.

Einstweilen bekommt Lenin dafür keine Mehrheit in der Bolschewistischen Partei, die selbst noch vom Geist der Einigkeit des Februar durchtränkt ist.

Die Revolution lässt sich nicht bremsen

Die Hoffnung der Massen auf einen baldigen Friedensschluss wird indes herb enttäuscht. Die französischen und britischen Alliierten drohen der Provisorischen Regierung, die Waffenlieferungen einzustellen, falls Russland aus der Kriegsfront gegen Deutschland und Österreich ausscheren sollte. Außenminister Miljukow will am russischen Kriegsziel der Eroberung der Dardanellen festhalten, wird aber vom Sowjet zu einer Note an die Alliierten gezwungen, die einen Frieden ohne Annexionen verlangt. Begleitend erklärt er aber, dass Russland den Krieg bis zum Sieg der Alliierten weiterführen werde - als habe es keine Revolution gegeben. Zehntausende bewaffneter Soldaten und Arbeiter ziehen empört auf Protestmärschen durch Petrograd, aber auch Miljukow-treue Truppen, Offiziersverbände und patriotische Anhänger der Kadetten halten Paraden ab und fordern Krieg bis zum Sieg. Es gibt Tote bei Zusammenstößen. Die Situation wird dadurch entschärft, dass Soldaten sich weigern, ohne Befehl des Sowjets gegen die Protestierenden vorzugehen. Der Sowjet lehnt mit überwältigender Mehrheit Miljukows Erklärung ab und verlangt erneut die Beschränkung des Kriegsziels auf die Vermeidung von Gebietsverlusten. Die Einigkeit des Februar ist jetzt aber zerbrochen. Die Unzufriedenheit mit der Provisorischen Regierung nimmt zu. In fast allen Städten Russlands bilden sich Sowjets. Jetzt kann Lenin sein Programm in seiner Partei durchsetzen: sofortiger Friede; alle Macht den Sowjets; alles Land den Bauern.

Anfang Mai treten Miljukow und weitere Minister unter dem Druck der Demonstrationen und des Petrograder Sowjets zurück. Die bürgerliche Regierung kann sich nur halten durch ein Bündnis mit den gemäßigten Sozialisten: Menschewisten und Sozialrevolutionäre treten in die Regierung ein. Kerenski wird Kriegsminister. Jetzt erwartet man, dass die sozialistischen Minister eine Politik durchsetzen würden, die der großen Mehrheit der Menschewiki und Sozialrevolutionäre im Petrograder Sowjet entspricht.

Die Menschewiki und Sozialrevolutionäre befanden sich aber in einem Dilemma: würden sie den Großgrundbesitzern das Land nehmen und es den Bauern geben, so würden auch in den Städten alle Dämme brechen. Die Arbeiter, die die Revolution gemacht hatten und die bewaffnete Macht der Sowjets anführten, könnte man nicht mehr von der Übernahme der Fabriken abhalten - das Eigentum der Bourgeoisie, die Banken und die ausländischen Investitionen wären nicht zu verteidigen. Damit aber wäre die Aufrechterhaltung einer bürgerlichen Demokratie hinfällig und die Macht musste den Bolschewiki zufallen, die als einzige die Machtübernahme der Arbeiter und Bauern propagierten. Die Sozialrevolutionäre als Vertreter der Bauern konnten somit ihr eigenes Agrarprogramm nicht verwirklichen. Darum wurden jegliche Entscheidungen hinausgezögert in der Hoffnung, dass die revolutionäre Welle irgendwann verebben würde, und die Regierungssozialisten begannen, mit den bürgerlichen Kräften und den rechten Offizieren zu konspirieren, um die Macht des Sowjets zu untergraben.

Die Mitgliedschaft der Bolschewiki hatte sich schon zwischen Februar und April auf 76.000 verdoppelt. Die bolschewistischen Arbeiter waren aktive Agitatoren, die in der fieberhaften Revolutionsatmosphäre überall in den Fabriken die Massen aufklärten und organisierten. Angesichts ihrer direkten Klassenkampferfahrungen hatten die Arbeiter wenig Verständnis für die menschewistische Rücksichtnahme auf das Bürgertum. Mehrere Gewerkschaften, darunter der mächtige Metallarbeiterverband, hatten bereits bolschewistische Mehrheiten.

Am 4. Mai trifft Trotzki in Petrograd ein. Er wird sofort wieder Mitglied der Sowjetführung und setzt seine Rednergabe für die Weiterführung der Revolution und die Machtergreifung des Proletariats ein. Im Juli schließt sich Trotzki den Bolschewiki an. Das revolutionäre Duo Lenin - Trotzki wird maßgeblich für die Revolution, manchmal auch gegen die Mehrheit in der bolschewistischen Partei.

Die Unzufriedenheit der Arbeiter nahm zu, die Versorgungslage hatte sich weiter verschlechtert. Die Korruption zwischen Staat und Bourgeoisie blühte weiter, gedeckt von der Provisorischen Regierung. Die Fabrikkomitees organisierten große Streiks. Achtstundentag und Lohnerhöhungen konnten durchgesetzt werden, aber gegen die Kontrolle der Produktion wehrten sich die verbliebenen Unternehmer massiv mit Aussperrungen, Massenentlassungen, absichtlichen Betriebsschließungen und wirtschaftlicher Sabotage. Die Macht der kapitalistischen Kriegsgewinnler war noch ungebrochen. Mangel an Nachschub und Elektrizität schränkte die Produktion zusätzlich immer mehr ein, und die Inflation fraß die Lohnerhöhungen immer wieder auf. Der Klassenkampf verschärfte sich und die Demonstrationen wurden radikaler. Der erste Allrussische Gewerkschaftskongress repräsentierte bereits über 900 Verbände mit 1,5 Millionen Mitgliedern. Die Bolschewiki gewannen rapide an Einfluss, vor allem in den großen Werken. Die Fabrikräte kümmerten sich zunehmend um die Organisation der Produktion und ihre bewaffneten Schutzgruppen entwickelten sich zu bolschewistischen Milizen.

Bauern besetzten auf eigene Faust Ländereien, da die Regierung sie mit einer Entscheidung zur Landreform auf eine ferne Konstituierende Versammlung vertröstete. Zahllose Soldaten desertierten und bildeten Banden; die Armee stand vor der Auflösung. Der Unmut richtete sich jetzt gegen Kerenski, den eigentlichen Führer der Provisorischen Regierung und Kriegsminister, der nun auch die Rechte im Militärkommando und die Kriegsalliierten zufriedenstellen musste.

Kerenski-Offensive, halber Aufstand und halber Rechtsputsch

Da setzte Kerenski Anfang Juni sein ganzes Ansehen ein, um die erschöpfte Armee von einer Offensive zu überzeugen - die der französische Alliierte zu seiner militärischen Entlastung dringend forderte - was ihm im Verbund mit den bürgerlichen Parteien, der patriotischen Presse und den Offizieren auch gelang. Die "Kerenski-Offensive" sollte offiziell die besetzten Gebiete zurückerobern; die Rechte hoffte aber, durch Eroberungen die revolutionäre Stimmung schwächen und die Räte entmachten zu können. Geheime Planungen richteten sich gegen Konstantinopel. Auf Drängen der Offiziersverbände wurde an der Front die Todesstrafe wieder eingeführt.

Politisierte Petrograder Truppen verweigerten aber den Marschbefehl an die Front. Am 3.Juli wollte ein meuterndes Regiment die Provisorische Regierung stürzen. Die bolschewistischen Kronstädter Matrosen schlossen sich an. In einer Riesendemonstration zogen sie bewaffnet zum Sowjet, und forderten ihn auf, die Macht zu übernehmen. Die Mehrheit im Sowjet war aber noch menschewistisch, wie auch die Sowjets in den Provinzen; Lenin und Trotzki wollten deshalb den Aufstand hinauszögern und bremsten, damit nicht Truppen aus der Provinz gegen sie eingesetzt werden könnten. So blieb der Aufstand halbherzig und regierungstreue Regimenter richteten zur gleichen Zeit mit Maschinengewehren ein Massaker unter unbewaffneten Arbeitern an. Die Provisorische Regierung verteilte zudem gefälschte Dokumente, die beweisen sollten, dass Lenin ein deutscher Spion sei.[28] Die Bewegung war gebrochen, und jetzt setzte eine Jagd auf Bolschewiki ein; Offiziersschüler verwüsteten die Parteizentrale, 800 Bolschewiki wurden verhaftet. Erleichterte Kleinbürger verprügelten und lynchten Arbeiter, die sie im Stadtzentrum erwischten. Der Sowjet hatte Ansehen und Macht verloren. Die konservative Rechte demonstrierte in der Stadt ihre neue Macht. Kerenski hielt sich für den ordnungsbringenden Napoleon und stützte sich nun auf die Konservativen.

Die Kerenski-Offensive endete jedoch in einem Desaster. Es wurde massenhaft gestorben. Die Soldaten fühlten sich wegen der Kriegsziele und der wiederhergestellten Befehlsgewalt der Offiziere getäuscht und desertierten in Massen. Die Armee flutete zurück und war im Begriff sich aufzulösen. Die Rechte wandte sich von Kerenski ab und richtete nun ihre Hoffnungen zur Beendigung der Revolution auf den Oberbefehlshaber Kornilow. Der setzte am 27. August Truppen in Richtung Petrograd in Marsch. Kerenski war machtlos. Es war der Arbeiter- und Soldatenrat, der die Verteidigung der Hauptstadt organisierte; er bewaffnete die Arbeiter, die von den Bolschewiki ange-

---

[28] Lenin war im Zug durch Deutschland transportiert worden und die Oberste Heeresleitung förderte die Bolschewiki mit Geldbeträgen, wie andere innere Feinde ihrer Kriegsgegner auch - Geheimagenten aber handeln nach Anweisungen, davon kann bei den Bolschewiki keine Rede sein.

führt wurden. Die verhafteten Bolschewiki wurden freigelassen. Die Eisenbahner verhinderten die Truppentransporte, Entsandte des Sowjets brachten Truppenteile zum Überlaufen. Der Putschversuch wurde abgewehrt. Der Sowjet war wieder Herr der Lage, die Bolschewiki waren wieder obenauf und Kerenski hatte jegliches Ansehen verloren. Lenin fordert aus seinem finnischen Exil seine Partei wieder einmal zum bewaffneten Aufstand auf.

Herbst 1917: die Arbeiter und Bauern gehen nach links

Die Versorgung der Armee hatte sich inzwischen katastrophal weiter verschlechtert, von der Front fluteten ungeregelt die Soldaten zurück. Die Bauern plünderten massenhaft die Landgüter. Die Wirtschaft war fast völlig zum Erliegen gekommen, obwohl stillgelegte Fabriken von den Arbeiterkomitees wieder in Betrieb genommen worden waren - aber überall mangelte es an Nachschub und Rohstoffen. In Stadt und Land herrschte Hunger. Die Ungeduld wuchs. Die Arbeiter und Bauern wollten ihre Ausbeuter loswerden und die Soldaten ihre Offiziere. Die Regierung Kerenski tastete aber den Großgrundbesitz nicht an und auch nicht das Eigentum der Kapitalisten in den Städten, und der Krieg ging immer noch weiter.

Und in den Herbstmonaten verschoben sich überall die Kräfteverhältnisse. Die Bauern hörten auf, in den Sozialrevolutionären ihre Vertreter zu sehen, und besetzten die

Landgüter ohne auf Regierungsbeschlüsse zu warten. Neuwahlen in den Fabriken erbrachten überwiegend bolschewistische Delegierte zu den Sowjets. Auch in den Provinzstädten gewannen die Bolschewiki allmählich die Mehrheit in den Räten. Ihr Programm einer Herrschaft der Arbeiterklasse, gestützt auf die Millionenmassen der Bauern, wurde realistisch und das Versprechen "Land, Frieden, Brot" fing an zu greifen. Menschewiki und Sozialrevolutionäre begannen schon zu den Bolschewiki überzulaufen, die Partei der Sozialrevolutionäre spaltete sich. Der Petrograder Arbeiter- und Soldatenrat wählte Ende September Trotzki wieder zu seinem Vorsitzenden. Die Ungeduld der Massen war kurz vor dem Siedepunkt. Kerenski versuchte noch, die revolutionäre Stimmung mit einem willkürlich zusammengesetzten Vorparlament einzuschläfern, das aber die Fragen von Krieg und Land, die den Massen unter den Nägeln brannten, weder lösen konnte noch wollte.

Umsturz

Noch auf dem Ersten Allrussischen Rätekongress im Juni hatten die Bolschewiki nur 15 % der Delegierten gestellt, und Lenins Erklärung, dass seine Partei bereit sei, die Probleme zu lösen, hatte als Provokation gewirkt und war verlacht worden. Jetzt stand der Zweite Allrussische Sowjetkongress bevor mit einer bolschewistischen Mehrheit, und jedermann   erwartete, dass er die unfähige Regierung absetzen und selbst die Macht übernehmen würde. "Alle Macht den Sowjets" war jetzt vorherrschende Meinung im Land. Die Menschewiki in der zentralen Sowjetführung versuchten noch, das Zusammentreten des Allrussischen Sowjets zu verhindern, mussten ihn aber schließlich für den 25. Oktober ansetzen.

Kerenski sah die Gefahr und wollte den Großteil der politisierten Petrograder Garnison am 16. Oktober an die Front abkommandieren. Die Soldaten gehorchten aber nur noch den Befehlen des Petrograder Sowjets und seines Militärrevolutionären Komitees und blieben da - damit war die Machtfrage bereits vorentschieden. Zur Verteidigung der Revolution unterstellte der Sowjet die militärischen Stäbe und Truppenteile seinen Kommissaren. In großen Fabrik- und Garnisonsversammlungen zeigte sich, dass die übergroße Mehrheit der Arbeiter und Soldaten bereit war, einem bolschewistischen Aufruf zur Machtübernahme des Sowjets sofort Folge zu leisten.

Lenin hatte aus dem Untergrund seine Parteigliederungen mit Briefen bombardiert, in denen er angesichts der Stimmung der Arbeiter und Soldaten und der bereits vor sich gehenden Bauernrevolution zum bewaffneten Aufstand drängte. Er wollte vor Zusammentreten des Kongresses vollendete Tatsachen schaffen, um einem drohenden konterrevolutionären Putsch zuvorzukommen, um sich nicht von wankelmütigen Delegierten abhängig zu machen, und um nicht die Macht teilen zu müssen - vor allem nicht mit den Menschewisten, die immer wieder die Regierungsbeteiligung bürgerlicher Kräfte verlangen würden.

In der berühmten geheimen ZK-Sitzung vom 10. Oktober konnte Lenin schließlich den Aufstandsbeschluss durchdrücken, wenn auch ohne Zeitplan und gegen die Stimmen von Sinowjew und Kamenew, die sich anschließend öffentlich von dem Beschluss distanzierten. Mit seinem Konzept des reinen Parteiaufstandes, den er bei jeder passenden und unpassenden Gelegenheit propagiert hatte, hatte sich Lenin jedoch nicht durchsetzen können. In den folgenden Tagen reichten die Meinungen in der Parteiführung von Rücknahme des Aufstandsbeschlusses über Abwarten des Zweiten Allrussischen Rätekongresses bis zur provisorischen Machtübernahme durch den Petrograder Sowjet. Es waren Swerdlow und Trotzki, die den Aufstandsbeschluss in konkretes Handeln des Militärischen Revolutionskomitees umsetzten, das schrittweise seine Befehlsgewalt über staatliche Institutionen ausweitete. In der Öffentlichkeit war der bevorstehende Umsturz Gegenstand offenen Meinungskampfes und beide Seiten trafen ihre Vorkehrungen. Die Bolschewiki waren aber politisch und zahlenmäßig derart überlegen, dass die Versuche der Gegenwehr verpufften – es gab daher auch keinen Anlass, die Massen zum revolutionären Kampf zu mobilisieren.

Am 23. Oktober erwirkte Kerenski Haftbefehle gegen bolschewistische Führer und wollte im Bündnis mit Offizieren und Kornilow-Leuten gegen den Sowjet vorgehen. Vergeblich versuchte er, Truppen beizuziehen. Sie liefen fast alle über. Als er am 24. Oktober die Brücken über die Neva hochziehen und bolschewistische Zeitungen besetzen lies, sah das nach dem Beginn der konterrevolutionären Attacke gegen den bevorstehenden Allrussischen Sowjetkongress aus. Daraufhin wurde aus der Defensive heraus der vorbereitete Umsturz losgetreten: zum Schutz des Sowjetkongresses organisierte das Militärrevolutionäre Komitee unter Trotzkis Führung die Besetzung der wichtigsten Positionen und Einrichtungen der Stadt durch 30.000 bewaffnete Arbeiter und Soldaten, und ließ tags darauf die Provisorische Regierung verhaften - spontan unterstützt durch revolutionäre Arbeiter und Arbeiterinnen, wo immer es Not tat. Der Umsturz verlief fast kampflos. Die Gegner räumten meist ihre Positionen, flohen, wechselten die Seiten oder wurden verhaftet. Kerenski hatte sich, huldvoll winkend, per schnellem Automobil aus der Hauptstadt entfernt, abgesichert von einem Wagen der amerikanischen Botschaft. Nur das vom Regierungshaupt entblößte Winterpalais, wo sich demoralisierte Minister von Resten zersetzter Truppenteile verteidigen ließen, musste im Sturm genommen werden.

Es regte sich kaum nennenswerter Widerstand gegen den Umsturz, weil die Provisorische Regierung politisch am Ende war und fast keinen Anhang mehr hatte. Ein revolutionärer Massenaufstand war gar nicht nötig gewesen – er war geplant, fand aber nicht statt. Die Provisorische Regierung, zustande gekommen von Gnaden des Arbeiter- und Soldatenrats, entpuppte sich als kurzlebiges Zwischenspiel der Bourgeoisie, die ihre Unfähigkeit erwiesen hatte, das Land zu führen. Der Sowjet nahm sich jetzt die verliehene Macht zurück - sie war eine reife Frucht, die der Umsturz nur noch zu pflücken brauchte.

Am 25. Oktober in der Nacht trat der Zweite Allrussische Arbeiter-und Soldatenrat zusammen, die zu dieser Zeit einzig legitimierte demokratische Volksvertretung, deren Entscheidung der Umsturz vorgegriffen hatte. Die Mehrheit der Delegierten waren Bolschewiki. Sie wurden von den Linken Sozialrevolutionären unterstützt. Die Rechten Sozialrevolutionäre und die Menschewiki, chancenlos in der Minderzahl, schon zuvor resigniert und ihrer Niederlage gewiss, protestierten gegen den "Putsch" und zogen aus - ihr Konzept der sozialistisch gestützten bürgerlichen Regierung war nach acht Monaten Praxis an sein Ende gekommen. Lenins Orientierung an der politischen Reifung der Arbeiterklasse und die von ihm in seiner Partei durchgesetzte revolutionäre Politik hatten gesiegt und wurden bejubelt. Ob der Kongress auch von sich aus die Provisorische Regierung gestürzt hätte, kann nicht festgestellt werden, scheint aber wahrscheinlich. Der Kongress wählte die Regierung der Volksbeauftragten mit Lenin an der Spitze. Als Erstes rief sie alle kriegführenden Länder und ihre Arbeiter zum sofortigen Frieden auf[29] und dekretierte die Landenteignung zugunsten der Bauern.

---

[29] Nachdem Lenin die Resolution verlesen hatte, sang die Versammlung die Internationale, viele Delegierte unter Tränen.

Landesweit hatten die Bauern nun eine gesetzliche Grundlage für die beschleunigte Besetzung und Aufteilung der Landgüter, und die Arbeiter besetzten die Fabriken oder stellten zumindest die Produktion unter die Kontrolle der Fabrikkomitees. Russland hatte endlich neue herrschende Klassen - lange genug hatte es gedauert, das schon im 19. Jahrhundert überreife System zu stürzen. Eine neue gesellschaftliche Autorität bildete sich heraus nachdem die alte zerfallen war, und eine andere Zusammenfassung des neuen gesellschaftlichen Willens als die bolschewistische war nicht da. Die unterlegenen Parteien organisierten dennoch konterrevolutionäre Komitees und riefen zur Erhebung auf – mangels Beteiligung meist vergeblich. Der Widerstand von Offiziersschülern, Kosakentruppen und konterrevolutionären Armeeeinheiten forderte dennoch viele Opfer, brach aber unter dem Ansturm revolutionärer Soldaten und sich spontan organisierender Arbeiterarmeen nach wenigen Tagen überall zusammen.

Kämpfe und Stabilisierung

Die ersten Tage und Wochen des neuen Regimes waren gekennzeichnet vom Chaos, das durch die ungeheuren Weinvorräte in den Kellern des Winterpalais noch beflügelt wurde. Die Bolschewiki hatten es schwer, die Plünderungen zu unterbinden und die Versorgung der Stadt zu organisieren. Um die Stadtduma sammelten sich die geschlagenen Parteien, die Reaktionäre und das städtische

Kleinbürgertum zum Widerstand. Einige Regimenter erklärten sich erst nach Schwankungen für die Machtübernahme durch die Sowjets. Die Beamten verweigerten den neuen Ministern die Mitarbeit. Das städtische Bürger- und Kleinbürgertum, gesellschaftlich eine verschwindende Minderheit, wollte nicht hinnehmen, dass die bisher allenfalls als dienstbare Geister sichtbaren Arbeiter und Bauern nun die Politik bestimmten. Die Eisenbahner streikten und verlangten die Beteiligung der anderen linken Parteien an der Regierung. Kosakeneinheiten unter Kerenskis Führung versuchten, von den Außenbezirken aus die Revolution niederkämpfen und wurden von wütenden Arbeitern und Matrosen zurückgeschlagen. In Moskau fanden noch heftige Kämpfe statt, aus denen - wie überall im Land - die Arbeiter und Soldaten als Sieger hervorgingen.

Die neue Regierung organisierte den neuen Staat: neben den Dekreten zu Land und Frieden wurde die Arbeiterkontrolle institutionalisiert, das Gerichtswesen auf neue Füße gestellt, die Armee neu geordnet (Macht der Soldatenkomitees, Wahl der Kommandeure), die Banken nationalisiert, die Aufgaben der Sowjets der verschiedenen Ebenen geregelt. Alle ausländischen Staatsanleihen der alten Regierungen des Adels und der Kapitalisten erklärte der Rat der Volkskommissare für nichtig. Den bisher im Zarenreich unterjochten Völkerschaften wurde die Selbständigkeit zugestanden. In den Ministerien setzten sich die neuen Volkskommissare nur gegen Widerstand, allmählich und unter Drohungen durch. Die Neuorganisation auf einem riesigen Staatsgebiet konnte sich zwar überall auf die lokalen und regionalen Räte stützen, fand aber unter den langsamen Kommunikations- und Transportbedingungen von 1918 statt - und unter den Angriffen der deutschen und österreichischen Armee.

Die Dringlichkeit vieler Entscheidungen brachte es mit sich, dass Lenin mit dem Rat der Volkskommissare zunehmend durch Dekrete regierte, und sie vom Exekutivkomitee des Allrussischen Sowjetkongresses erst im Nachhinein billigen lies. Daraufhin bildete sich in der bolschewistischen Partei eine starke Opposition heraus gegen die Überspielung des Sowjets und für eine Beteiligung aller sozialistischen Parteien an der Regierung, wie ein von den Eisenbahnern erzwungener Kongress sie forderte. Lenin und die Mehrheit des ZK beriefen sich auf die bolschewistische Mehrheit des Sowjetkongresses, der den Rat der Volkskommissare gewählt hatte, und lehnten folgerichtig eine Beteiligung der Parteien, die gegen die Machtübernahme durch den Sowjet kämpften, ab.

Als Kerenskis Front vor Petrograd zerfiel und der Sieg in Moskau sich abzeichnete, konnte sich Lenin gegen die Forderungen nach einer Koalitionsregierung auch innerparteilich durchsetzen: er drohte widerstrebenden Bolschewiki mit dem Parteiausschluss. Am 4. November traten fünf Mitglieder des ZK und fünf Volkskommissare zurück. Ihre Protestbriefe erschienen in der Presse - und hatten zahlreiche Arbeiterproteste gegen ihre Desertion aus der Regierung, die die Arbeiter als die ihre ansahen, zur Folge. Lenin und Trotzki wollten die Alleinherrschaft ihrer Partei - die sie ohnehin für den höchsten Ausdruck des Willens der Arbeiterklasse hielten - um so auf schnellstem Wege die Machtübernahme der Fabrikkomitees, der lokalen Bauernräte und der Soldatenkomitees abzusichern und die Eigenaktivität der Massen zu fördern.

Die Linken Sozialrevolutionäre hatten durch ihre Unterstützung der Landaufteilungen die Mehrheit in den Bauernräten erobert. Als sich der nationale Bauernkongress Ende November 1917 nach heftigen Diskussionen der neuen Macht anschloss, trat er in das Zentralexekutivkomitee des Allrussischen Arbeiter- und Soldatenrates ein und entsandte Linke Sozialrevolutionäre den Rat der Volkskommissare. Damit bestand nun eine Koalitionsregierung der beiden Parteien, die die Machtübernahme der Arbeiter und Bauern organisierten und repräsentierten.

Die bürgerlichen Parteien waren in konterrevolutionäre Kämpfe und Verschwörungen verstrickt, die Menschewisten förderten die Streiks der Beamten und Bankangestellten und sabotierten die Versorgung der Städte und der Front. So konnte ihre Unterdrückung nicht ausbleiben. Dass dabei die Demokratie unter die Räder geriet, war für die Arbeiter und Bauern zunächst nicht von Bedeutung. Die Partei der Kadetten war bereits verboten, es folgten die Menschewiki und Rechten Sozialrevolutionäre. Die Gefängnisse füllten sich derart, dass Kriminelle entlassen werden mussten. Am 7.Dezember wurde die Tscheka, der Geheimdienst der Partei, gegründet.

Erst im Januar 1918 trat dann die Konstituierende Versammlung zusammen. Sie war von den entmachteten Klassen mitgewählt worden und dies nach Wahllisten, die vor dem Oktoberumsturz aufgestellt waren. So repräsentierte ihre Zusammensetzung nicht die zwischenzeitliche revolutionäre Entwicklung der Arbeiter- und Bauernmassen. Die Versammlung lehnte es ab, die Machtübernahme der Arbeiter- und Bauernsowjets anzuerkennen und die eigene Rolle auf ein Beratungsorgan zu beschränken; so wurde sie aufgelöst. Eine bürgerliche Protestdemonstration wurde blutig zerschlagen.

Damit war der Kampf gegen die alten Mächte vorentschieden und das Tor zur neuen Zeit aufgestoßen. Aber die Umwälzung der Gesellschaft ging jetzt erst richtig los und die Bolschewiki waren auf einen Zug gesprungen oder gestoßen worden, der anderswo hinfuhr als sie dachten[30] und dessen Höllenfahrt sich nicht mehr stoppen ließ. Von den führenden Bolschewiki sollte das außer Stalin nur Alexandra Kollontai - als Botschafterin im Ausland und Repräsentantin der Frauenbewegung - überleben.

Für Millionen Arbeiter in der ganzen Welt aber, besonders für den Teil, der in Schlamm, Blut und Tod der Schützengräben watete, ging plötzlich im Osten eine strahlende Sonne auf. Die russischen Arbeiter hatten zum ersten Mal den alten Traum verwirklicht: die Ausbeuter verjagt, die

---

[30] Lenins Ziel: "ein neuer Staat ohne Polizei, Bürokraten und stehendes Heer"

54

Fabriken übernommen und den Sozialismus eingeführt. Es ging also doch! Nach drei Jahren des Menschenschlachtens stieß die russische Revolution wieder die Tür auf zur Hoffnung der Menschheit auf Besserung. Es erschien Licht am Ende eines unendlich finsteren und grausamen Tunnels. Mit der russischen Revolution solidarisch zu sein, wurde für Jahrzehnte das natürliche Streben der proletarischen Millionenmassen weltweit; und für eine Minderheit auch der Antrieb, es ihnen gleichzutun.

Umwälzung in Stadt und Land

Die neue Regierung wollte die Rolle der Arbeiter zunächst auf die "Arbeiterkontrolle" beschränken. Durch Überwachung der unternehmerischen Betriebsführung sollte die Produktion wieder in Gang gesetzt und am Interesse der Gesellschaft ausgerichtet werden. Die Arbeiter sollten dabei Betriebsführung lernen. Die siegreichen bewaffneten Arbeiter dachten aber nicht daran, sich damit zufrieden zu geben: sie wollten nicht Objekt der Ausbeutung bleiben, verjagten die restlichen Unternehmer und eigneten sich die Betriebe an. Die Regierung musste die Sozialisierung legalisieren. Ein ausreichendes Geflecht sich ergänzender Industriebetriebe, das die Produktions- und Konsumbedürfnisse abgedeckt hätte, konnten die Arbeiter allerdings nicht vergesellschaften.[31] Die Rüstungsindustrie überwog. Die steckengebliebene Akkumulation des inneren Marktes hatte dazu geführt, dass viele produktionswichtige Waren und Konsumartikel nicht im Inland hergestellt wurden, sondern hatten importiert werden müssen – was nun nicht mehr möglich war. Kriegsbedingt lagen viele Betriebe still oder konnten nur sehr eingeschränkt produzieren. Die Versuche der Fabrikkomitees, über den Einzelbetrieb hinaus die gesellschaftliche Produktion selbst zu steuern, blieben deshalb in Ansätzen stecken und konnten erst recht keine sozialisierten Landwirtschaftsbetriebe einbinden.

Überall im Land teilten die Bauernräte die Ländereien des Adels auf und beschlagnahmten die Besitztümer.[32] Dabei brach sich der aufgestaute Hass auf die besitzenden Klassen in Plünderungen und Gewalttaten Bahn. Die Tradition der alten Dorfgemeinden hatte als Sehnsucht nach Gleichheit überdauert: "Nieder mit dem Adel und der Bourgeoisie" und "Plündert die Plünderer" drückte die gewalttätige Stimmung der ehemals Unterdrückten und jetzigen Sieger aus. Der Rote Terror entstand lokal aus Eigeninitiative. Nach den Erfahrungen der 1905er Revolution und der unmenschlichen Grausamkeit des Weltkrieges war Russ-

---

[31] ganz anders als später in Spanien, wo die Arbeiter und Arbeiterinnen eine bereits weiter entwickelte Industrie und Landwirtschaft kollektivieren und weiterproduzieren konnten
[32] Die Bolschewiki hatten sich dem bäuerlichen Ansturm in der Jagd nach Kleinbesitz nicht entgegenstellen können und Experimente mit Kollektivfarmen zurückgestellt.

56

land brutalisiert. Die Nachrichten von den Gräueltaten der Gegner taten das ihre zur Anstachelung der Rachegefühle. Der revolutionäre Staat institutionalisierte später den Terror, beschlagnahmte Besitztümer und Häuser der Reichen und legte Ihnen hohe Steuern auf. Zur Eintreibung nahm die Tscheka Geiseln, manche von ihnen wurden erschossen. An besiegten wehrlosen Gegnern wurde auf beiden Seiten oft grausame Rache genommen. Der entmachtete Adel, die Bourgeoisie und ihr Anhang retteten sich an die Peripherie.

Der Dritte Allrussische Sowjetkongress beschloss im Januar 1918 die "Deklaration der Rechte des werktätigen und ausgebeuteten Volkes"[33], die zu beschließen sich die Konstituierende Versammlung geweigert hatte und die später Bestandteil der zweiten sozialistischen Verfassung der Welt wurde. Auf ihrem VII. Parteitag im März 1918 nannten sich die Bolschewiki um in Kommunistische Partei Russlands (Bolschewiki).

Anfang 1918 - Eisenbahnkrieg mit Arbeitermilizen

Gestützt auf ihre Macht in den Räten der Industriestädte konnten die Bolschewiki mit ihren Milizen aus Arbeitern, Matrosen und Frontsoldaten bis zum Jahresende 1917 das

---

[33] die man mal lesen sollte, um die bürgerlichen Propaganda einschätzen zu können, die behauptet, sie sei nur ein Propagandatrick gegen die Erklärung der Menschenrechte. Siehe hier: http://www.verfassungen.net/rus/rsfsr18-index.htm

russische Kernland einigermaßen unter ihre Kontrolle bringen. Überall an den Rändern aber gab es Kämpfe um die Durchsetzung der bolschewistischen Macht. Mitte Januar 1918 bereits war die Rote Armee gegründet worden als Zusammenfassung der freiwilligen bolschewistischen Arbeiter- und Soldatenmilizen. Es gab keine Rangabzeichen, die Soldatenräte diskutierten das militärische Vorgehen und wählten ihre Offiziere. Die Arbeiter waren von ihrer Sache überzeugt und kämpften mit hohem Einsatz. Sie führten einen "Eisenbahnkrieg" mit schneller Truppenverschiebung auf Zügen. Einen ersten Kosakenaufstand in Südrussland konnten die Roten Garden so im Januar niederschlagen. Im Dongebiet dagegen hatten die Kosaken eine unabhängige Republik ausgerufen. Im Bündnis mit einer Freiwilligenarmee aus zaristischen Offizieren, vor allem aus entwurzelten und enteigneten Adligen, wollten die Truppen des Ataman Kaledin das russische Reich wiederherstellen. Da sie aber die nichtkosakische Bauernbevölkerung nicht gewinnen konnten, wurden sie im Februar 1918 von Arbeitermilizen aus Petrograd und dem Donezkbecken besiegt. Es gab Kämpfe in der Ukraine, in Rumänien und in Finnland.

Brest-Litowsk und weißer Terror

Die Soldaten der Weltkriegsfront hatten sich inzwischen selbst demobilisiert und waren in ihre Dörfer zurückgekehrt, um an der Landaufteilung teilzuhaben. Sie ließen sich zu einer Weiterführung des Krieges nicht mobilisieren. Mit den revolutionären Milizen waren die professionellen deutschen Armeen aber nicht aufzuhalten. Wo sie einmarschierten erhoben sich die Gegner der Revolution und ermordeten die Anhänger der Arbeiterräte. Die Bolschewiki schlossen deshalb zunächst einen Waffenstillstand mit den Deutschen und sahen sich dann im März 1918 zu dem Separatfrieden von Brest-Litowsk gezwungen, obwohl er große Gebietsverluste, auch von Industrieregionen und der Ukraine, mit sich brachte. Lenin konnte die Annahme der deutschen Bedingungen nur knapp gegen die linksradikale Bucharin-Fraktion innerparteilich durchsetzen - auch die Linken Sozialrevolutionäre protestierten gegen den Verzicht auf den revolutionären Krieg, den viele als nationalen Verrat ansahen[34] und traten aus der Regierung aus. Da die deutschen Truppen trotz Abkommens weiter vorrückten und Petrograd bedrohten, zog die Sowjetregierung nach Moskau um.

Die Ukraine galt als Wiege Russlands[35], und die ukrainischen Arbeiter und Bauern hatten bereits die herrschenden Klassen enteignet und Räte gebildet. Die Anarchisten in Petrograd und Moskau protestierten nun mit Attentaten gegen die Preisgabe der Ukraine durch das Friedensabkommen - ihre Organisationen wurden daraufhin im April 1918 verboten. Viele Anarchisten gingen dann in die

---

[34] Lenin wurde im Exekutivkomitee der Räte als Judas beschimpft
[35] siehe"Kiewer Rus", https://de.wikipedia.org/wiki/Kiewer_Rus

Ukraine, um dort gegen die einrückenden Deutschen und ihre Marionetten zu kämpfen, deren weißer Terror unter den Arbeitern und Bauern wütete.

Mai 1918: Getreidemonopol gegen Schwarzmarkt, Entmachtung der Fabrikkomitees

Die katastrophale Versorgungslage, eine der Ursachen der Revolution, hatte sich nach der Machteroberung nicht automatisch verbessert. Die Bolschewiki hatten den Massen Brot versprochen - aber woher nehmen? Die Landverteilung würde sich erst nach der Ernte im Sommer positiv auswirken können und der Krieg war nicht zu Ende. Die Industrie produzierte nur sehr eingeschränkt; auch wenn die Fabrikkomitees sich nach besten Kräften bemühten, die Produktion aufrechtzuerhalten, konnten sie doch gegen den Mangel an Nachschub, Ersatzteilen und Treibstoffen wenig ausrichten. Zudem war die Industrie einseitig auf Kriegsproduktion ausgerichtet, sodass die Bauern wenig Anreiz zum Kaufen fanden - sie behielten deshalb ihr Getreide für sich. Der Austausch zwischen Stadt und Land war zusammengebrochen. Die Städte hungerten. Darum fuhr jedermann aufs Land, um irgendetwas gegen Lebensmittel einzutauschen. An den Eisenbahnzügen klebten die Menschen in Trauben an den Türen und auf den Dächern, das Transportwesen brach immer wieder zusammen. Und die Notwendigkeit zur Versorgung der Armee hatte nicht aufgehört: jetzt musste die Rote Armee mit

Nahrung und Nachschub versorgt werden, aber militärische Transporte waren fast unmöglich.

Obwohl die Fabrikkomitees sich gegen betriebsegoistisches Verhalten ausgesprochen und überbetriebliche Gremien zur Koordination der Produktion eingerichtet hatten, mussten sie dulden, dass die Arbeiter für den Lebensunterhalt einen Großteil ihrer Zeit darauf verwandten, einfache Gebrauchsgegenstände für die Bauern herzustellen, und dabei teilweise Betriebseinrichtungen verarbeiteten - Fließbänder zu Schuhsohlen und Stahl zu Feuerzeugen. Zwischen 30 und 80 % der Arbeiter waren ständig unterwegs auf Tauschreisen. Diese Tauschbeziehungen institutionalisierten sich zu regelrechten Partnerschaften zwischen Fabrikräten und Dorfsowjets. Gegen die Tendenz der Fabrikkomitees, die Produktion vor allem zum Nutzen für die eigenen Belegschaften zu verwerten, richteten sich nun die Gewerkschaften, in denen die Bolschewiki die Mehrheit hatten. Mit dem Anspruch, die partikularen Gruppeninteressen den Interessen der ganzen Klasse unterzuordnen und die Produktion wiederaufzubauen, fügten sich die Fabrikkomitees schließlich Ende 1917 ihrer Einordnung als Basisorganisationen der Gewerkschaften.

Die spärlichen Ansätze zu sozialistischer Vergesellschaftung der Produktion durch direkte Herrschaft der Arbeiter waren damit zu Ende[36]. Im Dezember wurde der Oberste

---

[36] Lenin rechtfertigte die bloße Übernahme der kapitalistisch zentralisierten Produktion: "Eine einheitliche Staatsbank aller

Volkswirtschaftsrat zwecks zentralisierten Wirtschaftsaufbaus ins Leben gerufen. Der Hunger, die Blockade der wirtschaftlichen Entwicklung durch den Schwarzmarkt und die Tauschfahrten waren aber dadurch allein nicht in den Griff zu bekommen, und so dekretierte die Sowjetregierung im Mai 1918 das Getreidemonopol. Getreideüberschüsse der Bauern wurden zu Staatseigentum erklärt und der private Handel verboten. Bewaffnete Trupps wurden aufs Land geschickt und begannen mit den Zwangsrequirierungen bei den Bauern, um die Städte zu ernähren. Tausende waren mit der Jagd auf Schwarzhändler beschäftigt.

Frühjahr 1918: Aufbau der Roten Armee und militärische Niederlagen

Durch den Einbruch der industriellen Produktion waren Hunderttausende von Arbeitern ohne Beschäftigung. Die Verstärkung der Roten Armee machte daher anfangs keine Schwierigkeiten. Als man dazu überging, auch die zahlreichen durch den Krieg Entwurzelten zu rekrutieren, sanken Moral und Kampfkraft. Nach Niederlagen im Frühjahr gegen die Deutschen führte Kriegskommissar Trotzki die Ernennung der Offiziere und die militärische Hierarchie

---

größten Umfangs mit Zweigstellen in jedem Amtsbezirk, bei jeder Fabrik - das ist schon zu neun Zehnteln ein sozialistischer Apparat." (Lenin, Werden die Bolschewiki die Staatsmacht behaupten)

wieder ein. Es mangelte an kriegserfahrenen Kommandeuren und so nahm Trotzki auch 8.000 zaristische Offiziere auf, die sich freiwillig gemeldet hatten. Unter den Soldaten und in der Partei bildete sich eine scharfe Opposition, weil gerade die Entmachtung der Offiziere und das Gleichheitsprinzip eine Errungenschaft der Revolution gewesen waren. Die Offiziere bekamen bolschewistische Kommissare als Aufpasser an die Seite und so konnte Trotzki die militärischen Notwendigkeiten durchsetzen. Als die Rekrutierungen nicht ausreichten, wurde Ende Mai die allgemeine Wehrpflicht wieder eingeführt, und die innerparteiliche Opposition verschärfte sich, weil nun aus der roten Arbeiterarmee eine Bauernarmee wurde - man bewaffnete den potentiellen Feind.[37]

Waren in den Städten die Gewerkschaften mit ihren 3 Millionen Mitgliedern zu Rekrutierungsorganen geworden, die Arbeiterkontingente für die Rote Armee abstellten, so schuf auf dem Land erst die allmähliche Einbindung der lokalen Bauernräte in die Sowjetstruktur die organisatorische Basis für die Führung des Bürgerkrieges. Das neue Verwaltungssystem konsolidierte sich und bot Arbeitern und alphabetisierten Bauern Aufstiegschancen. Hunderttausende traten in die kommunistische Partei ein. Alles

---

[37] Das Überleben der Industriearbeiter hing ab vom Funktionieren der gesellschaftlich organisierten Produktion, während den Bauern vor allem an der "freien" (kapitalistischen) Vermarktung ihrer Produkte gelegen war.

wurde nun auf die Notwendigkeiten des Bürgerkrieges und die Bedürfnisse der Roten Armee ausgerichtet.

Durch einen Entwaffnungsbefehl Trotzkis provoziert, erhob sich im Mai 1918 eine tschechoslowakische Legion von 40.000 Soldaten, die eigentlich hatte abziehen sollen, und eroberte mehrere Städte entlang der Transsibirischen Eisenbahn. In Samara an der Wolga nutzten Sozialrevolutionäre die Niederlage der Roten Armee zu einem Versuch, die Konstituierende Versammlung wieder aufleben zu lassen, und bildeten eine Gegenregierung, die ihr Gebiet beträchtlich ausweiten konnte. Ebenfalls im Mai erhoben sich erneut die Kosaken am Don, nachdem die Rote Armee sie mit Getreiderequirierungen und Geiselerschießungen malträtiert hatte. Im Juni zählte die Kosakenarmee des Generals Denikin 40.000 Mann. Gestützt auf die Tschechoslowakische Legion und weiße Freiwilligenverbände bildete sich zudem Ende Juni 1918 eine "Provisorische Regierung Sibiriens" in Omsk. Dort setzte eine brutale Repression gegen Arbeiter und Bolschewisten ein.

Mitte 1918: Requirierungen, Verstaatlichungen, Attentate, Roter Terror und Kriegsrecht

Während die Rote Armee an den Rändern also empfindliche Niederlagen einstecken musste, hatte sich die Ernährungskrise im Innern zu einem Kleinkrieg mit den Bauern ausgeweitet. Die Requirierungstrupps beschlagnahmten das Getreide, die Bauern versteckten es. Widerspenstige

Bauern wurden erschossen, die Bauern massakrierten die Requirierungstrupps.[38] Die Versorgungslage in den Städten wurde kaum besser. Die überzeugten Bolschewiki der ersten Stunde waren zum größten Teil von Roter Armee, Partei, Gewerkschaft und Verwaltung aufgesaugt worden - in den Fabriken war die Partei geschwächt. Häufig gab es Sabotageakte durch Anhänger des alten Regimes. Die Gewerkschaften hatten sich gewandelt von Interessenvertretungen zu Organen der Produktionsorganisation, denen neben Rekrutierungen für die Rote Armee auch die Verteilung der Arbeitskräfte oblag. Es herrschte Arbeitszwang. Die Unzufriedenheit der Arbeiter wurde nun von den Menschewisten gebündelt zum Versuch eines Generalstreiks, der für Anfang Juli 1918 geplant war. Die bolschewistische Regierung reagierte mit Verhaftung der Organisatoren und unterdrückte die Bewegung. Dutzende wurden erschossen. Am 28. Juni 1918 dekretierte die Regierung dann die Verstaatlichung der gesamten Industrie. Damit bekam der Oberste Volkswirtschaftsrat, der bereits viele individuelle Betriebsleiter ernannt hatte, die Oberhand in dem schwelenden Konflikt mit den Gewerkschaften, die an kollektiven Betriebsleitungen festhalten wollten.

Einige Tage später beantragten die Linken Sozialrevolutionäre auf dem 5. Allrussischen Sowjetkongress, das Ab-

---

[38] Die Zahl der von den Bauern während des Bürgerkrieges ermordeten Requirierer wird auf 15.000 geschätzt. Die Zahl der ermordeten Bauern lag wesentlich höher.

kommen von Brest-Litowsk zu brechen und Deutschland den Krieg zu erklären. Als das abgelehnt wurde, erschossen sie am 6. Juli den deutschen Botschafter, besetzten mit Tscheka-Soldaten Positionen in der Stadt und verbreiteten Aufrufe gegen die Dominanz der Bolschewiki in den Räten und den Krieg gegen die Bauern. Die Meuterei wurde niedergeschlagen und die Linken Sozialrevolutionäre aus den Räten ausgeschlossen. So blieben in den Sowjets als Partei nur die Bolschewiki übrig, und ihre straffe Parteidisziplin - alle stimmten nach Parteibeschlüssen ab - machte die Räte allmählich zu hohlen Umsetzungsorganen der Parteilinie. Mit der Parole "alle Macht den Sowjets" hatten die Bolschewiki die Mehrheit für ihr Programm zum Sturz der herrschenden Klassen errungen. Nun hatten die Zwänge des Bürgerkrieges zur Umdrehung dieses Verhältnisses geführt, zur Diktatur der bolschewistischen Partei hinter der Fassade entmachteter Räte. Eingekerkert in der deutschen Festung Breslau warnte Rosa Luxemburg die Bolschewiki vor den lähmenden Konsequenzen.[39]

---

[39] "Aber mit dem Erdrücken des politischen Lebens im ganzen Lande muss auch das Leben in den Sowjets immer mehr erlahmen. Ohne allgemeine Wahlen, ungehemmte Presse- und Versammlungsfreiheit, freien Meinungskampf erstirbt das Leben in jeder der öffentlichen Institution, wird zum Scheinleben, in der die Bürokratie allein das tätige Element bleibt. Das öffentliche Leben schläft allmählich ein, einige Dutzend Parteiführer von unerschöpflicher Energie und grenzenlosem Idealismus dirigieren und regieren, unter ihnen leitet in Wirklichkeit ein Dutzend

Aufgrund der militärischen Niederlagen des Sommers 1918 an allen Fronten wurde der Kriegsrat unter Trotzkis Vorsitz zum höchsten Staatsorgan erklärt und das Kriegsrecht verhängt. In den Kämpfen waren oft zahlenmäßig weit überlegene Rote Milizen von professionell ausgebildeten und befehligten weißen Truppen hinweggefegt worden. Trotzki verfügte darum Ende Juli die Zwangseinberufung aller ehemaligen zaristischen Offiziere. Sie wurden von Politkommissaren beaufsichtigt und durch Drohungen gegen ihre Familien zwang man sie zu effektivem Dienst.

Attentate hatten Mitte des Jahres 1918 bereits mehrere prominente Bolschewisten das Leben gekostet - am 30. August erwischte es Lenin. Nach einer Rede in einer Fabrik schoss eine Sozialrevolutionärin auf ihn und verletzte ihn schwer. Einige Tage rang er mit dem Tode. Seine Genesung wurde zum Wunder verklärt und zum Ausgangspunkt des Personenkults[40] gemacht. Und von nun an erhob die

---

hervorragender Köpfe, und eine Elite der Arbeiterschaft wird von Zeit zu Zeit zu Versammlungen aufgeboten, um den Reden der Führer Beifall zu klatschen, vorgelegten Resolutionen einstimmig zuzustimmen, im Grunde also eine Cliquenwirtschaft - eine Diktatur allerdings, aber nicht die Diktatur des Proletariats, sondern die Diktatur einer Handvoll Politiker, d.h. Diktatur im bürgerlichen Sinne, im Sinne der Jakobiner-Herrschaft." Luxemburg, Die russische Revolution - von Paul Levi erst 1922 veröffentlicht.

[40] Sinowjew sprach vom "von Gott gesandten Führer"

Partei den Roten Terror zum Programm. Die Tscheka baute ihren Apparat gewaltig aus und verhaftete oft wahllos Verdächtige und richtete sie hin. Der "bewaffnete Arm der Partei" terrorisierte nach eigener Willkür und ohne Kontrolle die Bevölkerung. Eine innerparteiliche Kampagne von Bucharin und Kamenew zur Zügelung der Tscheka scheiterte an den Hardlinern Trotzki, Lenin und Stalin. Auch Versuche, den Geheimdienst der Gerichtsbarkeit zu unterwerfen, blieben vergeblich. Während des Bürgerkrieges entwickelte sich die Tscheka zu einem Staat im Staate mit 250.000 "Beschäftigten", rechnet man alle Elitetruppen, Gefängnisse und Konzentrationslager mit, dem wohl über 200.000 Menschen zum Opfer gefallen sind, darunter auch viele Arbeiter, deren Streiks gebrochen werden sollten.

Die ungeheuerliche Brutalität des Weltkrieges setzte sich im Bürgerkrieg fort, der von beiden Seiten unerbittlich ausgefochten wurde. Wie der konterrevolutionäre Terror gnadenlos über Leichen ging, so auch der Rote Terror. Beide Seiten wurden durch Rachegefühle angestachelt und sadistische Folterer hatten freie Bahn. Revolutionen sind explosionsartige Entladungen nicht reformierbarer Gesellschaftszustände und werden hervorgerufen durch die Brutalität der herrschenden Klassen, die sich solange mit aller Macht an ihre überlebten Besitzverhältnisse klammern, bis alle Dämme brechen. Der revolutionäre Umbau der Gesellschaft reagierte auf die Untaten des Untergehenden. In der französischen Revolution demonstrierte das Volk mit der Guillotine, was erlaubt war und was nicht - in Russland war es die Tscheka. Unzählige Unschuldige gerieten zwischen die Mühlsteine. Natürlich kann man weltgeschichtliche Vorgänge den Einzelpersonen anlasten, die sie vollziehen. Feliks Dscherschinski, der erste Chef der Tscheka, soll am ganzen Körper Narben von Folterungen in den zaristischen Gefängnissen gehabt haben. Er war schnell bei der Hand, Gegner erschießen zu lassen, Lenin und Trotzki nicht minder.

Siege im Herbst 1918, Machno in der Ukraine

Nach Trotzkis Armeereformen entwickelte sich die Rote Armee im September 1918 bei den Kämpfen gegen die Gegenregierung der Sozialrevolutionäre in Samara (Wolgagebiet) zu einer regulär funktionierenden Armee. Mit einer Stärke von 70.000 Soldaten siegten die roten Truppen dort Anfang Oktober. Die Gegenregierung hatte die Bevölkerung nicht für sich mobilisieren können: in ihrem Gebiet waren Betriebe den Kapitalisten zurückgegeben worden, der Adel hatte sich wieder des Bauernlandes bemächtigt, die Gefängnisse waren voller linker politischer Gefangener, Zwangsrekrutierungen, Requirierung von Lebensmitteln und die massenhafte Repression gegen Deserteure und ihre Familien hatten die Bauern den Roten in die Arme getrieben.

Einen Angriff der Kosakenarmee Denikins auf Zaryzin, das spätere Stalingrad, konnte die Rote Armee nach monatelanger Belagerung im Oktober 1918 zurückschlagen. Besiegt waren die Gegner im Süden dadurch aber noch nicht.

Die Ukraine hatte nach dem Frieden von Brest-Litowsk eine Sonderentwicklung genommen. Zunächst führte der Einmarsch der Deutschen zu einer Herrschaft der bürgerlichen Nationalisten. Im Hin und Her der Fronten wurde Kiew zehnmal von wechselnden Truppen erobert. Aus dem Widerstand gegen die Konterrevolution entwickelte sich in der südöstlichen Ukraine eine anarchistische bäuerliche Partisanenarmee unter Führung des Volkshelden Nestor Machno, die den Weißen vier Jahre lang effektiven Widerstand entgegensetzen sollte. Zeitweise kontrollierte sie ein ganzes Gouvernement und hatte bis zu 100.000 Mann unter Waffen. Sie stützte sich auf unabhängige Bauern- und Arbeiterräte, aus deren Zusammenschluss sich Ansätze einer demokratischen Gebietsselbstverwaltung entwickelten. Als sie sich - nach dem Kollaps des deutschen Kaiserreichs - dem bolschewistisch bestimmten Rätesystem nicht einordnen wollte, ergab sich der erste bewaffnete Konflikt mit der Roten Armee. Später war die Machno-Bewegung wieder mehrmals mit den Bolschewiki verbündet.

Entfesselter Bürgerkrieg

Der Bürgerkrieg entwickelte sich zu einem dreijährigen Kampf auf Leben und Tod, bei dem das Sowjetsystem und die Rote Armee von allen Seiten unter Feuer standen. Im

Süden kämpfte die weiße Freiwilligenarmee, unterstützt durch Lieferungen der Westmächte, im Osten war aus der "Provisorischen Regierung Sibiriens" in Omsk der Admiral Koltschak als "Herrscher über ganz Russland" hervorgegangen und drang vor, Petrograd konnte nur durch Trotzkis persönliche Agitation der Verteidiger vor einer anstürmenden weißen Armee gerettet werden, im Norden hatte sich eine Gegenregierung gebildet, Briten, Franzosen und Amerikaner kämpften von Murmansk und Archangelsk aus, Japaner und Amerikaner kamen vom Pazifik, Französische Truppen kämpften auf der Krim, deutsch-lettische Freicorps drängten im Baltikum die Revolution zurück, die Interventionsmächte schickten Nachschub über Wladiwostok. Der VIII. Parteitag der KPR im März 1919 beschloss unter diesem gewaltigen Druck die bedingungslose Zentralisierung und strengste Disziplin.

Siege Ende 1919, grüne Bauernarmeen und weiße Pogrome

Die Rote Armee wuchs während dieser Kämpfe auf 5 Millionen Soldaten an, schlecht ausgerüstet, schlecht bekleidet, von Hunger, Kälte und Epidemien heimgesucht, mit großen Problemen bei Nachschub, Waffen und Munition, aber mit zunehmender professioneller Erfahrung. Und die Armee wurde zu einer großen Kulturinstitution: Filme und Bücher wurden herangeschafft, es gab Ausbildung und politischen Unterricht. Eine halbe Million Soldaten trat während des Bürgerkrieges in die Kommunistische Partei ein. Andererseits desertierten die Soldaten massenhaft zur Erntezeit. 1919 gab es zwei Millionen Deserteure aus der Roten Armee. Auch aus den Weißen Armeen desertierten die Soldaten in Massen, und so bildeten sich auf beiden Seiten hinter den Linien "grüne" Bauernarmeen, die sich gegen Requirierungen und Zwangsrekrutierungen verteidigten. Die Rote wie die Weiße Armee versuchten dem Herr zu werden, indem sie Deserteure zur Abschreckung erschossen und Dörfer niederbrannten. Aber während die Weißen wegen ihrer mangelnden Verankerung nur Repression und Massenexekutionen kannten, konnte die Rote Armee die Bauern auch durch Agitation und Amnestie wieder mobilisieren zur Verteidigung ihres neuen Landbesitzes, denn hinter den Weißen lauerten die alten Eigentümer. Und als Ende 1919 die weiße Südarmee Denikins nur noch 400 Kilometer südlich von Moskau stand und sich zum Sturm auf Tula, die Stadt der Waffenfabriken, anschickte, kam eine Viertelmillion Deserteure zur Roten Armee zurück. Die Bauern wussten zu diesem Zeitpunkt besser als die Arbeiter, was sie zu verlieren hatten. Die Angreifer wurden zurückgeschlagen und weil sie keine Unterstützung bei der Bevölkerung im Hinterland hatten, konnten sie bis zum Asowschen Meer zurückgetrieben werden. Rostow fiel am 7. Januar 1920. Dieser Sieg war zu großen Teilen der roten Reiterei Budjonnys und der Schwarzen Armee Machnos - jetzt im Bündnis mit den Bolschewiki - zu verdanken, die Denikins Armee durch

Flankenangriffe den Nachschub abgeschnitten hatten. Als aber Denikin geschlagen war, ging die Rote Armee wieder gegen Machno vor.

Bei ihrem Rückzug nach Süden verübten die Weißen 1919 die bis dahin entsetzlichsten Pogrome an der jüdischen Bevölkerung der Ukraine.[41] Zuvor schon hatten vor allem die Weiße Armee und die Verbände der Nationalisten, aber in einigen Fällen auch Truppen der Machnopartisanen und der Roten Armee, Judenpogrome selbst verübt oder der mord- und plünderungslüsternen Bevölkerung freie Hand gelassen[42]. Hintergrund und Vorwand war der übliche Neid auf die - auf wenige städtische Berufe beschränkte - erfolgreiche jüdische Bevölkerung. Mit der Revolution aber hatten sich nun für die Juden neue Möglichkeiten in Armee, Verwaltung und Partei des Sowjetsystem aufgetan, und jetzt wurden sie auch für die Revolution verantwortlich gemacht und gehasst. Die Weißen nahmen Rache für ihre Niederlage und fanden somit neue Gründe für die Raubmorde an der wehrlosen jüdischen Bevölkerung. Ganze Städte wurden niedergebrannt. Die Zahl der Pogromopfer wird auf insgesamt 150.000 Ermordete geschätzt.

---

[41] siehe Orlando Figes, Russland, Die Tragödie eines Volkes, S. 715 ff

[42] Lenin hatte Judenpogrome immer verurteilt und Trotzki hatte sie unterbunden wo er konnte, war er selbst doch oberste Hassfigur der Antisemiten geworden.

An der östlichen Front hatte Koltschak im März 1919 zeitgleich eine Offensive begonnen und konnte erst nach beträchtlichen Geländegewinnen von zahlenmäßig überlegenen roten Truppen zurückgedrängt werden; erbitterte Kämpfe zogen sich hin bis in den Winter. Die Alliierten hatten den Weißen zwar große Mengen Nachschub über Wladiwostok geliefert, aber die Züge wurden oft von Partisanen überfallen und ein Großteil der Lieferungen verschwand in der wuchernden Korruption von Omsk. Auch die sibirische Weiße Armee konnte sich nur durch gewaltsame Beschlagnahmungen versorgen, erschoss in den Städten die Arbeiter, und unter ihrem Schutz nahm der Adel sein Land wieder in Besitz - am Ende hatten die Weißen jeden Rückhalt verloren. Omsk fiel im November 1919, die Bourgeoisie floh ostwärts.

1920: Sieg über die letzte weiße Armee, Abwehr des polnischen Angriffs

Im Juni 1920 starteten die Konterrevolutionäre unter General Wrangel von der Krim aus noch einen wohlorganisierten letzten Kriegszug, mussten sich aber im November 1920 geschlagen geben. Wieder leisteten die Machotruppen, jetzt eingegliedert in die Rote Armee, unter hohen Verlusten einen entscheidenden Beitrag zum Sieg.

Die verschiedenen weißen Armeen und Gegenregierungen konnten am Ende nicht siegen, weil sie für die Rückkehr der Großgrundbesitzer, der Bourgeoisie und des zaristi-

74

schen Systems standen. Die Bauern und Arbeiter wollten ihre neuen Errungenschaften nicht wieder hergeben, auch wenn sie zu großen Teilen mit der bolschewistischen Diktatur nicht einverstanden waren. Je mehr die Weißen in die Defensive geraten waren, desto weniger hatten auch die Alliierten an deren Sieg geglaubt und ihre Nachschublieferungen waren daher versiegt. Ende 1919 hatten auch die ausländischen Interventionstruppen das Land verlassen, wegen der öffentlichen Meinung und Solidaritätsaktionen in ihren Ländern und weil ihre eigenen Soldaten von der revolutionären Stimmung angesteckt worden waren - in Odessa z.B. hatten französische Matrosen gemeutert. Und die weißen Armeen hatten niemals die Unterstützung der nationalen Unabhängigkeitsbewegungen gewinnen können, denn ihr Ziel war die Wiederherstellung des großrussischen Reiches.

Polen, das durch den Versailler Vertrag als eigenständiger Staat wiedererstanden war, strebte an, seine Ostgrenze auf die Linie von 1772 vorzuschieben. 1919 drangen die polnischen Truppen tief nach Weißrussland ein, und sie marschierten anschließend auch gegen die Ukraine vor. Am 7. Mai 1920 eroberten sie Kiew. Das patriotische Russland empfand den Verlust Kiews an Polen als nationale Schande: 17.000 ehemals zaristische Offiziere meldeten sich freiwillig zur Roten Armee. Der weiße General Wrangel, der zur gleichen Zeit von der Ukraine aus zu seinem Angriff auf Sowjetrussland gestartet war statt die Polen zu bekämpfen, wurde als Verräter betrachtet. Von nun an konnten die Bolschewiki die nationale Karte spielen bei der Verteidigung und dem Aufbau des Vaterlandes, das sich nun offensichtlich mit ihrem siegreichen System abgefunden hatte. Im Juni 1920 schlug die Rote Armee den polnischen Angriff dann zurück. Das ZK entschied nach dem Willen Lenins, der fliehenden polnischen Armee nachzusetzen, um die polnische Arbeiterklasse zur Revolution zu ermutigen und die deutsche Grenze zu erreichen. Die polnischen Arbeiter gliederten sich jedoch ein in die Verteidigung "ihres" Vaterlandes, und nach dem "Wunder an der Weichsel" war es an der Roten Armee, Hals über Kopf zu fliehen. Der Lernerfolg, dass man Revolutionen nicht exportieren kann, hielt jedoch nicht lange Zeit vor. Die Weltrevolution war vorerst verebbt; revolutionäre Aktionen im Westen wurden dringend gebraucht, damit die russische Arbeiterklasse wieder Hoffnung schöpfen konnte.

Diktatorisches Staatsregime, Zerschlagen der Machnobewegung

Am Ende des Bürgerkrieges hatte sich ein Staatsregime gefestigt, das genauso militärisch organisiert war wie die Rote Armee selbst. Russland war ein Kommandostaat geworden, in dem die Bürokratie in Partei und Verwaltung die Geschicke bestimmte, sich Privilegien genehmigte und sich von der Tscheka absichern ließ. Die Verwaltung von Staat und Wirtschaft hatte sich auf das zehnfache des zaristischen Apparates aufgebläht. An Stelle von Wahlen war die Ernennung der Funktionäre auf allen Ebenen üblich geworden. Innerhalb der Partei hielt sich aber immer eine Opposition, die die Bürokratisierung und die diktatorische Machtausübung kritisierte - mangels Alternativen konnte sie sich aber nie durchsetzen.

Die Verdienste der anarchistischen Schwarzen Armee hinderten Trotzki nicht, den Vertrag, der der Machnobewegung Gebietsautonomie in der Südostukraine zugesichert hatte, zu brechen. Dem Befehl, im Kampf gegen die polnischen Truppen ihr Stammgebiet zu verlassen, war die geschwächte Schwarze Armee nicht nachgekommen. Unter dem Vorwand der Befehlsverweigerung wurde sie nun von übermächtigen roten Verbänden in monatelangen Kämpfen aufgerieben - obwohl es Stalin gewesen war, dessen eigenmächtige Befehlsverweigerung entscheidend zur Niederlage in Polen beigetragen hatte. Die Rote Armee, geführt mit harter Disziplin und bestehend aus Bauernsoldaten, ständig im Kampf mit grünen Bauerntruppen hinter ihren Linien, konnte sich kein Beispiel freier Bauernsowjets leisten, das auch die bolschewistische Herrschaftsform in Frage gestellt hätte. Und es liefen immer wieder rote Truppenteile zu Machnos Schwarzer Armee über. Die Machnobewegung selbst hatte wegen des ständigen Krieges keine Zeit, ihr anarchistisches Modell zu entfalten, und so auch keine Möglichkeit, das Problem des Austausches der Bauern mit den Städten und der Industrie zu lösen. Die Kriegführung zwang schließlich auch der Machoarmee hierarchische Strukturen auf, sie schaltete die Macht ihrer Räte aus, und sie verlor unter den Bauern an Einfluss. Trotzki, voll taktischer Finesse und militärpolitischer Hinterhältigkeit, zertrat die Reste des libertären Ansatzes zugunsten des Sieges der Parteidiktatur - angesichts der Lage der russischen Revolution wäre ihm aber auch gar nichts anderes übrig geblieben, selbst wenn er das Gegenteil gewollt hätte.

Acht Millionen Opfer

Die Opfer des Bürgerkrieges können nur geschätzt werden. Etwa 150.000 weiße und 600.000 rote Soldaten kamen in den Kämpfen um, weitere 700.000 Soldaten starben an Seuchen. Bis zu 300.000 Tote forderten die Exekutionen der Gegner hinter den Linien und andere Morde auf beiden Seiten (wobei wohl zwei Drittel auf die Rechnung der Tscheka gingen), 150.000 Juden wurden bei den Pogromen ermordet. Kriegsbedingte Hungersnöte und Seuchen wüteten unter der Zivilbevölkerung; insgesamt geht man von etwa acht Millionen Bürgerkriegstoten aus.

Bauernaufstand 1920/21, Streiks und Kronstädter Revolte

Solange der Bürgerkrieg getobt hatte, sahen große Teile der Arbeiter und Bauern die Notwendigkeit diktatorischer Führung noch ein. Nun aber waren die Weißen aus dem

Land vertrieben und jetzt erwartete man allgemein eine Erleichterung des Regimes, das die Masse der Arbeiter und Bauern zwar als eines ihrer eigenen Leute ansah, aber auch hasste wegen seiner Willkürherrschaft und der luxuriösen Lebensweise vieler seiner Funktionäre. Das Jahr 1920 brachte überdies eine schwere Missernte. Selbst den Bauern drohte Hunger. Nun weiteten sich die Bauernrevolten gegen die Beschlagnahmen der Lebensmittel zu Flächenbränden aus; Ende 1920 entstand ein gewaltiger bewaffneter Bauernkrieg im russischen Kernland[43], auf beiden Seiten brutal geführt, der schließlich mit äußerster militärischer Härte niedergeschlagen wurde. Zehntausende fielen dem zum Opfer. Gleichzeitig lag die Industrie fast völlig darnieder. Moskau hatte noch die Hälfte, Petrograd nur noch ein Drittel seiner Bevölkerung. Die Menschen waren aufs Land geflohen auf der Suche nach Nahrung und Heizmaterial. Anfang 1921 sprang der Funke der Revolte auf die Städte über: Kürzungen der Rationen ließen die Unzufriedenheit mit der Versorgungslage aufbrechen, und die Arbeiter hörten von dem brutalen Vorgehen gegen die Revolten der Bauern, mit denen viele von ihnen verwandt waren. Daraufhin kam es zu Massenaustritten aus der Kommunistischen Partei. In Moskau und Petrograd begannen die Arbeiter zu streiken. Ihre Resolutionen zeig-

---

[43] Die aufständische Bauernarmee im Tambower Gebiet umfasste bis zu 50.000 Soldaten. Sie kämpfte für freien Handel und Warenverkehr und die Abschaffung der sowjetischen Verwaltung sowie der Tscheka.

ten scharfe Feindschaft zum bolschewistischen Herrschaftssystem. Sie forderten freien Handel, bessere Versorgung, Freilassung der verhafteten Arbeiter, Rede- Presse- und Versammlungsfreiheit, freie Wahlen zu den Betriebskomitees, den Gewerkschaften und den Sowjets.

Höhere Rationen für die Arbeiter hätten mehr Getreidebeschlagnahmungen erfordert - Nachgiebigkeit gegenüber den Bauern hätte mehr Hunger in den Städten bedeutet. In diesem Teufelskreis gefangen dachte die herrschende Partei gar nicht daran, von ihrer notdürftig gefestigten Entscheidungshoheit auch nur ein Quentchen abzugeben. Die Bolschewiki hatten während des Bürgerkrieges die widerstreitenden Interessen der Arbeiter und Bauern mit eiserner Faust in der Parteidiktatur zusammengezwungen; nun drohte der doppelte Klassencharakter der russischen Revolution auseinanderzubrechen. Die Bolschewiki stellten Petrograd, die Wiege der Revolution, unter Kriegsrecht. Arbeiterdemonstrationen wurden von Militäreinheiten auseinandergetrieben. Gewerkschafter, Sozialrevolutionäre, Menschewiki und Anarchisten wurden verhaftet, Fabriken wurden geschlossen und Streikende ausgesperrt, die dadurch ihre Brotrationen verloren. Kommunisten kehrten der Partei den Rücken. Die Rote Armee zog zuverlässige Truppen auf Petrograd zusammen. Damit hatten die Bolschewiki die Revolte fast erstickt, aber ihre Macht auf der vor der Stadt gelegenen militärischen Inselfestung Kronstadt war brüchig.

Die Matrosen der Baltischen Flotte, in Kronstadt stationiert, wollten mit den Arbeitern solidarisch sein und beschlossen eine Resolution, die Wahlfreiheit forderte sowie Rede- und Versammlungsfreiheit für alle linken Parteien, die Freilassung der Gefangenen linker Parteien und all derer, die bei Arbeiter- und Bauernbewegungen verhaftet worden waren, die Auflösung der bolschewistischen Requirierungsgruppen, und wirtschaftliche Freiheit für die Kleinbauern.

Die Kronstädter Matrosen waren 1917 eine bolschewistische Elitetruppe beim Oktoberumsturz gewesen; sicherlich hatte sich durch den Bürgerkrieg inzwischen ihre Zusammensetzung verändert, aber ihr Ruhm gab ihren Forderungen Gewicht, und ihre militärische Stärke gab ihnen Selbstvertrauen. Sie benutzten sie aber nicht zur militärischen Ausdehnung. Sie wollten friedlich überzeugen, dass durch freie Wahlen zu den Sowjets das Land gesunden könne. Auf einer Massenversammlung der gesamten Garnison am 1. März ließen sie auch Bolschewiki sprechen - so das sowjetische Staatsoberhaupt Kalinin - die die Stimmung aber nicht drehen konnten. Eine 30köpfige Delegation, die die Kronstädter Forderungen in Petrograd verbreiten sollte, wurde bei Ankunft verhaftet und ward nie wieder gesehen. Die Kommunistische Partei erfand eine Führung des Aufstands durch die Weißen, startete Verleumdungskampagnen und wies Verhandlungsangebote zurück. Als unsicher geltende Militäreinheiten wurden entwaffnet und aus Petrograd abkommandiert. Familienangehörige der Kronstädter wurden in Petrograd als Geiseln genommen. In Kronstadt bildete sich ein Verteidigungskomitee, Hunderte Kronstädter Kommunisten traten aus ihrer Partei aus.

Als Ultimaten zur bedingungslosen Kapitulation nichts ergaben, ordnete Trotzki die Erstürmung an. Am 7.März begann die Rote Armee, Kronstadt mit Artillerie zu beschießen. Nachts wurden Eliteeinheiten der Roten Armee in freiem Schussfeld über das Eis der Neva gegen die Festung getrieben, Maschinengewehre der Tscheka im Rücken. Sie trafen auf erbitterte Verteidigung. Erst nach mehreren nächtlichen Anläufen, die sich über eine Woche hinzogen, und einer Angriffswelle mit 50.000 Soldaten konnten sie Kronstadt erobern. Zehntausend tote Rotarmisten blieben auf oder unter dem Eis zurück. Die finnische Regierung verlangte in einer Note den Abtransport der Leichen, damit sie nicht an der finnischen Küste angeschwemmt würden. In Kronstadt gab es Massenhinrichtungen, Tausende Aufständische wurden erschossen oder in Lager deportiert, wo sie verhungerten oder erfroren. Die Streiks in Petrograd waren durch Repression und Lebensmittellieferungen beendet worden.

In der allgemein kommunistenfeindlichen Stimmung des Jahres 1921 fürchteten die Bolschewiki zurecht die Ausbreitung der Kronstädter Forderungen. "Freie Wahl der Sowjets" hatte das Potenzial, zum Fanal der Unzufriedenheit zu werden, und hätte mit Sicherheit landesweit zur Abwahl und zum Sturz der Kommunistischen Partei geführt, zu Massakern an den Bolschewiki und zum Einmarsch weißer Truppen. Die Niederschlagung Kronstadts war also zunächst ein Akt der Selbstbehauptung. Die Rebellen sahen sich zudem als Teil der "Dritten Revolution", der Befreiung von der verhassten bolschewistischen Diktatur im Übergang zu einer Gesellschaft freier Arbeiter- und Bauernräte. Diese anarchistische Position hatte zunehmend die Verlautbarungen bestimmt[44]. Für die Lösung der Widersprüche zwischen Stadt und Land, für das Verhältnis von Industrieaufbau und Landwirtschaft hatten die Anarchisten aber natürlich kein Konzept - die Kämpfe hätten wieder von Vorne losgehen müssen. Somit war Kronstadt das letzte Ausbrechen des unterdrückten rätedemokratischen Ideals aus dem Käfig der Parteidiktatur, hatte aber unter den Bedingungen von 1921 keine Überlebenschancen.

Die Niederschlagung der Revolte bezeichnete den Endpunkt der - von der Notlage erzwungenen - praktischen Entscheidungen gegen die Macht der Räte und für die Parteidiktatur. Die russische Revolution hatte damit ihren Zenit überschritten und ihre Kraft verbraucht. Die Arbeiter- und Bauernrevolution war zur bürokratischen Parteidiktatur geronnen, weil sie die Sprengkraft ihres doppelten Klassencharakters niederhalten musste. Es war eine Diktatur auch über die Arbeiterklasse geworden. Und die herrschende Arbeiterpartei hatte ihre Basis in der Klasse verlo-

---

[44] siehe: Dokumente der Weltrevolution, Arbeiterdemokratie oder Parteidiktatur

ren und konnte sich nur noch auf den wuchernden Apparat stützen. Die Arbeiteravantgarde gab es nicht mehr, sie war in den Apparat aufgesaugt oder ums Leben gekommen. Die russische Arbeiterklasse hatte sich als viel zu klein und zu schwach erwiesen, die Revolution, die in der Hauptsache eine der Bauern war, anders denn als Parteidiktatur zu führen. Eine sozialistische Vergesellschaftung der Produktionsmittel war künftig in Russland nicht mehr möglich - wer auf die Arbeiter und die Räte schießt, kann ihnen nicht später die Macht übergeben. Von den handelnden Personen unbemerkt, verabschiedete sich an diesem Punkt das Gespenst des Kommunismus aus Russland, denn es gab keine sozialistische Perspektive mehr.

Dem 10. Parteitag entgegen! Niederlage der Arbeiteropposition und Neue Ökonomische Politik

Dass auf dem gleichzeitig stattfindenden 10. Parteitag das Ansinnen der Arbeiteropposition, die Leitung der Wirtschaft gehöre in die Hände der Gewerkschaften und nicht in die von kleinbürgerlichen Spezialisten, abgeschmettert wurde, war nur noch das Nachvollziehen von Tatsachen. Auf diesem Parteitag im Februar/März 1921 kamen alle Krisen zusammen: Versorgungslage, Bauernaufstände, Streiks, Rebellion in Kronstadt, innerparteiliches Infragestellen der Parteidiktatur.

Die Unzufriedenheit innerhalb der Kommunistischen Partei selbst war Ende 1920 in einer breiten Debatte um die

Rolle der Gewerkschaften kulminiert. Das diktatorische Regime, das sich schrittweise auch über die Arbeiterklasse erhoben hatte, hatte an allen Weichenstellungen Widerspruch hervorgerufen, der aber im höheren Interesse des Machterhalts im Bürgerkrieg zurückgestellt worden war - die Arbeiter hatten mit den Zähnen geknirscht und weiter mitgekämpft.

Der Einfluss der gewählten Betriebskomitees, die die sozialisierten Betriebe steuerten bzw. die Arbeiterkontrolle ausübten, waren schon Ende 1917/Anfang 1918 zurückgedrängt worden von den Gewerkschaften. Die Produktion als ganze musste organisiert werden, die Arbeitskräfte verteilt, die Rationen zugeteilt etc. Der Bürgerkrieg zwang, sich auf die Rekrutierung von Arbeitern für die Rote Armee und ihre Versorgung zu konzentrieren. Lenin hatte durchgesetzt, dass der von oben eingesetzte Oberste Volkswirtschaftsrat zwecks Effektivität bürgerliche Spezialisten als Betriebsleiter ernannte. Ständig schwelte der Konflikt zwischen individueller und kollektiver Leitung; mit Ende des Bürgerkriegs brach er auf. So bildete sich Ende 1920 die innerparteiliche Strömung der "Arbeiteropposition", die die Gesamtsteuerung der Produktion durch demokratisch gewählte Gewerkschaftsorgane statt durch die Apparate forderte und damit den Obersten Volkswirtschaftsrat und die Parteidiktatur infrage stellte. Ihre wichtigsten Führer waren der Altbolschewist und Metallarbeiter Alexander Schljapnikow und Alexandra Kollontai. Sie verlangten die Verbesserung der Parteiarbeit durch "Rückkehr zum Demokratismus, zur Meinungsfreiheit und zur Kritik innerhalb der Partei", weil die Eigeninitiative der Arbeitermassen, sich am Wirtschaftsaufbau zu beteiligen, vom bürokratischen System der kleinbürgerlichen Spezialisten erstickt werde.[45] Der herrschenden Arbeiterklasse gehe es schlechter als den Spezialisten und den Sowjetbeamten. Die Kommunistische Partei sei mit dem Staatsapparat verschmolzen und führe in Anpassung an die widerstreitenden Interessen verschiedener Volksschichten in den Sowjets eine "Überklassenpolitik" durch. Die Leitung der Betriebe ernannten Einzelpersonen anzuvertrauen statt dem gewählten Arbeiterkollektiv, gehöre zu den durch den erbitterten Bürgerkrieg erzwungenen vorübergehenden Abweichungen vom kommunistischen Arbeiterstandpunkt. Um von der passiven Mitwirkung der Arbeiterverbände zur aktiven Teilnahme zurückkehren zu können und das

---

[45] Alexandra Kollontai, Was bedeutet die „Arbeiter-Oppositon"?: "Nicht nur die Initiative der unparteiischen Massen ist eingeschränkt worden (das wäre noch verständlich und eine logische Folge der gespannten Verhältnisse während des Bürgerkrieges), sondern auch die Initiative der Parteimitglieder ist bis aufs äußerste begrenzt. Jede selbsttätige Initiative, jeder neue Gedanke, der nicht durch die Zensur der leitenden Parteizentrale durchgegangen ist, wird als eine „Ketzerei" betrachtet, als ein Verstoß gegen die Parteidisziplin, als ein Versuch, in die Rechte der Zentrale, die alles „im voraus sehen" und alles „vorschreiben" muß, einzugreifen. Und wenn sie nicht vorgeschrieben hat, so muß man eben warten."

schöpferische Potential der Arbeiter zu wecken, müsse die Verwaltung der ganzen Volkswirtschaft von einem allrussischen Kongress der Produzierenden, die sich in Verbänden nach Berufen oder Industriezweigen zusammenschließen, und ihrem gewählten Zentralorgan organisiert werden.

Ein Konzept, wie im Wirtschaftsaufbau das Spannungsverhältnis zu den Bauern mit ihrem Kleinbesitz und wie der Staatsaufbau gestaltet werden sollte, hatte auch die Arbeiteropposition nicht - und sie konnte unter den extremen Bedingungen des Jahres 1921 wohl auch keines haben, das realistischer gewesen wäre als die Parteidiktatur. Und so war es der Parteiführung, die gerade den Bauernaufstand niederschlug und sich der Kronstadt-Rebellion gegenübersah, ein Leichtes, die Arbeiteropposition auf dem Parteitag niederzustimmen. Lenin und Bucharin diffamierten deren reinkommunistischen Standpunkt als „anarchosyndikalistische Abweichung". Trotzki tat sich dabei besonders hervor. Er hatte aus Kriegsnotwendigkeit die Arbeitsbeziehungen im zerrütteten Transportwesen militarisiert, und 1920 hatte er demobilisierte Einheiten der Roten Armee unter scharfer Arbeitsdisziplin als Arbeitsarmeen in Bergwerken und in der Landwirtschaft eingesetzt. Nun forderte er das Aufgehen der Gewerkschaften in den Kommandostrukturen des Staates indem er sie in den Obersten Volkswirtschaftsrat eingliedern wollte, vertrat also die extrem bürokratische Variante. Es setzte sich aber Lenin durch: die Gewerkschaften sollten weiter Arbeiterinteressen vertreten, sich aber den Beschlüssen des Wirtschaftsrats und der Partei unterordnen. So konnte es in den 20er Jahren noch zahlreiche Arbeitskämpfe geben.

Auf dem Land machte es der Aufstand der Bauern und die sich anbahnende Hungersnot unmöglich, die Requirierungen fortzusetzen. Die Unterdrückung des Marktes musste aufgegeben werden. Um zu überleben und der Partei die Macht zu erhalten, riss Lenin auf dem Parteitag das Steuer herum und begründete die "Neue Ökonomische Politik", die Freigabe des Marktes für die Bauern. Auch kapitalistische Betriebe wurden jetzt wieder erlaubt. Die Periode des "Kriegskommunismus", der mit seinem Beschlagnahme- , Rationierungs- und Zuteilungssystem die Gleichheit für alle auf tiefstem Niveau hergestellt hatte, war damit beendet.

Die wirtschaftlichen Forderungen der Revolten waren somit erfüllt, die Gegner selbst waren ausgeschaltet. So hielt die Partei sich an der Macht - ihrem Verständnis nach zur Bewahrung der Möglichkeit eines zukünftigen verstaatlichten Sozialismus. Dazu behielt die Partei die "Kommandohöhen" in der Großindustrie. Lenin setzte Verstaatlichung mit sozialistischer Vergesellschaftung gleich und erkannte nicht, dass die Entwicklung nun in eine lange Sackgasse führen musste. Um mit dem heftigen innerparteilichen Widerstand gegen die partielle Rückkehr des Kapitalismus fertig zu werden, verordnete Lenin der Partei das Fraktionsverbot. Damit war der Kampf der Parteiführung gegen jegliches "Abweichlertum" eröffnet, der sich später zur Stalinschen Bolschewisierung auswachsen sollte.

Das Land hatte sich von den Missernten, Requirierungen und Bauernkriegen noch nicht erholt, als im Frühsommer 1921 eine große Dürre dazukam. In der anschließenden Hungersnot kamen trotz internationaler Hilfe fünf Millionen Menschen um. Erst danach begannen die Marktreformen der NEP sich positiv auszuwirken. Der Markt entwickelte sich wieder, die Lebensmittelkrise entschärfte sich, die großen Bauern wurden in den nächsten Jahren reich. Die Arbeiterpartei diktierte nun im Sinne der Bauern gegen die Arbeiterklasse.

Die Nach-Lenin-Zeit

Als Lenin erkrankte und starb, verbanden sich Kamenew und Sinowjew, die noch immer bedeutendsten Bolschewisten der zweiten Reihe und Chefs der Petrograder respektive Moskauer Parteiorganisation, mit dem als schwach eingeschätzten Stalin, der aber bereits die Arbeiter- und Bauern-Inspektion und die Parteikontrollkommission unter sich gebracht hatte und 1922 zum Generalsekretär für die ungeliebte bürokratische Parteiarbeit bestimmt worden war. Die drei wollten so die Einmannherrschaft des alles überragenden, aber selbstherrlichen Trotzki verhindern, des Organisators des Oktoberaufstandes und siegreichen Führers der roten Armee. Sie beherrschten das ZK als Triumvirat.

Dagegen bildete sich eine linke Opposition um Trotzki heraus; sie forderte eine Beschränkung der Akkumulation bei den Bauern und mehr Ressourcen für den staatlichen Industrieaufbau. Ihre Forderung nach Wiedereinführung der Arbeiterdemokratie kann nur als unrealistische und rein taktische Suche nach Verbündeten gegen den von Stalin beherrschten Apparat verstanden werden - Trotzki, der "Henker von Kronstadt", wäre der erste gewesen, den frei entscheidende Arbeiterräte vor die Erschießungs-kommandos gezerrt hätten, und mit ihm die gesamte bol-schewistische Partei. Dieses Zurück gab es nicht mehr.

Durch Umbesetzungen der einflussreichen Posten und Ernennung seiner Gefolgsleute brachte Stalin Schritt für Schritt Staat und Partei unter seine Kontrolle. Die intellek-tuellen Feuerköpfe begriffen nicht, dass sie nur mächtig waren, solange sie Massen bewegen konnten. Der Aufbau von Wirtschaft und Staat in einem derart rückständigen Land aber war die Stunde der Bürokratie. Trotzki hatte die Armee - aber wie hätte er sie einsetzen sollen? Ende 1923 nutzte das Triumvirat Proteste gegen die Bürokratisierung, um im Gegenzug der Opposition die Möglichkeit zu ent-ziehen, ihren Standpunkt in der zentralen Parteipresse zu veröffentlichen. Säuberungen und Neuaufnahmen wurden vom Generalsekretariat durchgeführt, Delegierte zu den Parteikongressen wurden schon zunehmend handverle-sen. 1925 bereits fürchteten sich die Parteimitglieder, offen ihre Meinung zu sagen. Oppositionelle Meinungen wurden als Abweichlertum gebrandmarkt und galten als

Anschlag auf Partei und Staat. Unter dem Druck verleumderischer Kampagnen gegen den "Trotzkismus", dem Stalin sein Konstrukt des "Leninismus" gegenüberstellte, gab Trotzki 1925 sein Kommando über die Rote Armee auf.

Lenins Parteikonzept hatte zwar die aktivsten Sozialdemokraten in der Partei der Bolschewiki zusammengeführt, sich aber ansonsten bis zur Revolution nicht sonderlich bewährt. Für die illegale Propaganda unter dem Zarismus waren vor allem Überzeugung und Geschick von Nöten gewesen, so etwas lässt sich nicht dekretieren. Den Zaren hatte nicht die Avantgardepartei gestürzt, sondern die spontanen Massen. Mit dem Gehorsam gegenüber der Leitung war es nicht weit her, sieht man die Schwierigkeiten, die Lenin bei der Durchsetzung seiner Aprilthesen hatte, und den innerparteilichen Widerstand gegen den Aufstand. Der Umsturz selbst war zwar über den Petrograder Sowjet von der Partei dirigiert, durchgeführt aber wurde er von überzeugten Massen von Arbeitern und Soldaten. Lenins voluntaristische Vorstellung, die ideologisch gestählte Parteiavantgarde müsse durch einen geplanten bewaffneten Aufstand die Regierung stürzen, war von der wirklichen revolutionären Entwicklung der Arbeiterbewegung überholt worden. Trotz seiner Lernprozesse in der Massenbewegung zwischen Februar und Oktober 1917 und seiner klaren Klassenorientierung war Lenin nicht vom Blanquismus auf den Standpunkt der Arbeiterherrschaft übergegangen, denn er war dazu nicht gezwungen: die Rückständigkeit der Produktivkraftentwicklung und die Notlage des revolutionären Russland drängten vielmehr zur Parteidiktatur. Die diktatorische Stellung der Parteileitung begann nun erst richtig "Früchte" zu tragen, als es um den Machterhalt und den Umbau der Gesellschaft ging. Lenin hatte den russischen Verhältnissen ein Diktaturinstrument auf den Leib geschneidert, das von Tschernyschewski, Tkatschow und Netschajew herkam und nicht von Marx. Die Diktatur der Intelligenzija hatte er lediglich um die Arbeiteravantgarde erweitert. Nach Marx haben Kommunisten die Aufgabe, der Arbeiterklasse zur Machtergreifung zu verhelfen - im Denken von Lenin und Trotzki war es die Arbeiterklasse, die die Kommunisten an die Macht zu bringen hat [46]. Diese russische Verkehrung und ihre Träger konnten sich nur durchsetzen, weil die mannigfachen Bedrohungen, Aufgaben und widerstreitenden Interessen zur Parteidiktatur einluden und zur Parteidiktatur zwangen. Die demokratische Komponente des Demokratischen Zentralismus ließ sich bei Bedarf und Not mit Leichtigkeit der Kommandohoheit der Zentrale unterordnen. Stalin brauchte die von Lenin gelieferten Diktaturinstrumente lediglich zu verschärfen und zum "Leninismus" zu kanonisieren, um damit seine Gegner aus dem Weg zu räumen.

---

[46] „Würde es der kommunistischen Partei glücken, in der vorbereitenden Periode alle übrigen Parteien aus den Reihen der Arbeiter zu verdrängen, die überwältigende Mehrheit der Arbeiter unter ihrem Banner politisch wie organisatorisch zu vereinigen, bestünde keinerlei Bedarf an Sowjets." Trotzki, Was nun? Schicksalsfragen des deutschen Proletariats.

Sozialismus in einem Lande

Mit dem Abflauen der Nachkriegskrisen verlor sich die weltrevolutionäre Zuversicht, dass der Sozialismus im Verbund mit den Arbeiterklassen der weiterentwickelten Länder aufgebaut werden könne. Stalin hatte dafür ein taktisches Gespür und begann 1924, den "Aufbau des Sozialismus in einem Lande" zu propagieren - das, was die Wirtschaftsorgane bereits die ganze Zeit taten. Das implizierte in der Konsequenz die Abkehr von der NEP: den Ausbau der Industrie und die Kollektivierung der Landwirtschaft. Der wirtschaftliche Aufbau hatte bereits per se höhere Investitionen in die verstaatlichte Industrie auf die Tagesordnung gesetzt; die Institutionen der Wirtschaftsplanung gewannen zunehmend an Gewicht in den politischen Debatten. Und die Industrie stellte viel zu wenig Gebrauchsgüter für die Bauern her, die keinen Anreiz zum Kaufen hatten und darüber hinaus auch keinen Grund sahen, ihr Getreide gegen inflationäre Rubel einzutauschen, und es deshalb lieber behielten.

Als die reichen Bauern dann so mächtig geworden waren, dass sie 1927 mit Lebensmittelzurückhaltung die Städte erpressten, und gleichzeitig außenpolitische Misserfolge kulminierten, schlossen sich 500 alte Bolschewiki einer scharfen Kritik der Opposition, zu der nun auch die mittlerweile entmachteten Sinowjew und Kamenew gehörten, an der Parteiführung an. Ende 1927/Anfang 1928 leitete Stalin daraufhin in einem Linksschwenk die beschleunigte Industrialisierung und die Kollektivierung der Landwirtschaft ein - so spaltete er die Kritiker und isolierte Trotzki, der dem Kurswechsel Beifall zollte. Damit entsprach Stalin den wirtschaftlichen Notwendigkeiten, die er nun selbst anstelle seiner Kritiker vollzog. Die restliche Opposition wurde zerschlagen und ausgeschlossen, die Macht lag dann ab 1928 ausschließlich beim Politbüro, dem nur noch Stalins Gefolgsleute angehörten. Der erste Fünfjahrplan, der hohen Investitionen in die Produktion von Industrieanlagen den Vorrang vor den Konsumgütern gab und die Interessen der Bauern nicht mehr berücksichtigte, wurde im April 1929 beschlossen. Am Ende des Manövers hatte Stalin auch seine letzten Opponenten um Bucharin, die ein langsameres Tempo vertraten und kurz zuvor noch Mainstream waren, kaltgestellt. Gleichzeitig hatten Diktatur, Lobhudelei und Führerkult den Demokratischen Zentralismus endgültig abgelöst. Das System der Konzentrationslager wurde ausgebaut.

Zwangskollektivierung, Industrialisierung und Stalin

1928 musste wieder in großem Maße zurückgehaltenes Getreide requiriert werden, um die hungernden Arbeiter zufriedenzustellen, die die Industrie aufbauen sollten. Beschlüsse zur Beschleunigung der Kollektivierung des Bauernlandes waren die Folge. Aber selbst die Dorfarmut ließ sich nur schwer gegen die Kulaken mobilisieren und wollte ihr Eigentum nicht hergeben, so dass die Kollektivierungsbrigaden überall Zwang ausüben mussten. Die

94

Bauern versteckten ihr Getreide und schlachteten ihr Vieh. Die Kulaken sollten vertrieben und "als Klasse liquidiert" werden. Tausende wurden hingerichtet und Millionen in Arbeitslager deportiert oder in die neu entstehenden Bergwerke und Fabriken verfrachtet. Schon 1935 war dieser ungeheure Umbau der ländlichen Lebensverhältnisse vollzogen. Weil er nicht freiwillig erfolgt war, ließ der Arbeitseinsatz auf den Kolchosen zu wünschen übrig, und Russland hatte viel zu wenig Traktoren, um die kollektivierten Flächen effektiv bearbeiten zu können. Als Missernten dazukamen, brach die landwirtschaftliche Produktion zusammen. Im Winter 1932/1933 starben etwa 6 Millionen Menschen den Hungertod. Stalin kam die Dezimierung der Bauernbevölkerung, vor allem in der widerspenstigen Ukraine, zupass und so ließ er keine Katastrophenhilfe organisieren.

Für die Industrie wurden die höchstmöglichen Planziele beschlossen. Die Gewerkschaften verloren ihre Funktion als Interessenvertretung, sie wurden zu Wächtern über die Arbeitsproduktivität im Dienste des reibungslosen Wirtschaftsablaufs. Ehrgeizige Großprojekte weckten die nationale Aufbaubegeisterung, neue Industrien, Staudämme, Hochöfen, neue Städte wuchsen aus dem Boden. Wo die Begeisterung nicht ausreichte, wurde der Einsatz erzwungen. Abermillionen wurden in den 30er Jahren durch den allumfassenden Terror ausgerottet, sobald sie in irgendeinen Verdacht gerieten oder denunziert wurden oder unter eine Repressionsquote[47] fielen. Stalin verstand es dennoch, den nationalen Enthusiasmus der Jugend zu gewinnen: wenn Russland nicht binnen 10 Jahren seine Rückständigkeit überwände, werde es zermalmt. Unter unvorstellbaren Arbeitsbedingungen bauten die Arbeiter und Arbeiterinnen die Betriebe auf. Die KP wurde Massenpartei und bewährte sich jetzt als hierarchische Organisations- und Herrschaftsmaschine beim blutigen Zwangsumbau der sowjetischen Gesellschaft - und auch bei der Ermordung Zehntausender Kommunisten. Die Massenmorde dienten vor allem zur Einschüchterung und Anpassung, und um Tyrannenmördern zuvorzukommen musste Stalin jeden verdächtigen, der zur Opposition hätte werden können, und schaltete alle aus.

Der wirtschaftliche Aufbau wurde organisiert von der Schicht der angepassten Technokraten und Bürokraten, die nur eine indirekte Klassenbasis in der beherrschten und erst entstehenden Arbeiterklasse hatte. Terror, Propaganda und Personenkult sicherten den Gehorsam ab. Die russischen Arbeiter und Arbeiterinnen vollbrachten unter dieser Knute eine übermenschliche Aufbauleistung und mussten anschließend noch unter dem Opfer von 27 Millionen Toten den deutschen Faschismus niederringen.

Unter Trotzkis Führung wäre der unumgängliche Umbau der russischen Gesellschaft möglicherweise geschickter,

---

[47] Stalin forderte von seinem Apparat auch zahlenmäßige Liquidierungen

aber wohl nur geringfügig weniger brutal abgelaufen. Militarisierung der Arbeit, Funktionalisierung der Gewerkschaften und Sozialistischer Wettbewerb waren Trotzkis Erfindungen, Massenexekutionen zur Durchsetzung politischer Ziele hatte er zur Genüge selbst veranlasst und mit der Tscheka "zusammengearbeitet". Im Gegensatz zu Stalin verstand Trotzki es nicht, die Bürokratie zu nutzen. Seine Hoffnung, dass die russische Revolution sich permanent und gegen die Bürokratie weiterentwickeln könne, blieb mangels Klassenbasis eine Illusion. Und die Weltrevolution verläuft offenbar in Schüben, und nicht in Permanenz.

Eine staatliche Bürokratie, die auch den staatseigenen Wirtschaftsprozess kommandiert, kann ihre Existenzberechtigung nur durch immer bessere Ergebnisse der Planwirtschaft zur Bedürfniserfüllung der Gesellschaft beweisen - so konnte das Etikett des erfolgreichen sozialistischen Aufbaus lange Zeit erhalten bleiben. Unzweifelhaft gab es große soziale Fortschritte für breite Schichten, insbesondere für die Bauern, die gezwungenermaßen aus verelendeter, unwissender ländlicher Existenz zu ausgebildeten städtischen Industriearbeitern wurden. Trotz aller Verbesserungen der Lebensumstände, trotz aller Beteiligungsmöglichkeiten in Verwaltung und Wirtschaft fanden die sowjetischen Werktätigen aber nicht aus ihrer subalternen Rolle heraus. Alles wurde durch Zwang und Drohungen geregelt - daraus resultierte Passivität in Bezug auf Teilnahme an der Gestaltung des gesellschaftlichen Lebens, die wiederum mit Druck bekämpft wurde. Die Planwirtschaft hat allerdings auch in dieser diktatorischen, staatssozialistisch verkrüppelten Form bewiesen, dass die kapitalistische Profitmacherei als Wirtschaftssystem im Prinzip nicht mehr nötig ist.

Die erste Machtergreifung der Arbeiterklasse, die sich über längere Zeit halten konnte, ist an den unzulänglichen Rahmenbedingungen gescheitert. Die Sackgasse der staatssozialistischen Entwicklungsdiktatur endete, als trotz Industrialisierung und Verbesserung der Lebensumstände der Wettlauf mit dem Kapitalismus verloren ging und der Enthusiasmus des Aufbaus verebbte. Die unterdrückte und passive Arbeiterklasse machte keinerlei Anstalten, die Produktion zu übernehmen, und so fiel das Land an die sich rasch wieder herausbildende Kapitalistenklasse. Der russische Staatssozialismus entpuppte sich am Ende als nationale Entwicklungsdiktatur an Stelle der Bourgeoisie - und vorerst für die Bourgeoisie. Ihr letztes Wort aber hat die russische Arbeiterklasse da noch nicht gesprochen.

Die Geschichte macht nicht, was die handelnden Personen wollen, sondern das, wozu die Kräfteverhältnisse sie treiben. Sie hatte die radikale Modernisierung Russlands auf die Tagesordnung gesetzt - die Bolschewiki waren lediglich ihr Vollzugsorgan. Wollte Russland im Konzert der Nationen weiter eine Geige spielen und nicht unterjocht und aufgeteilt werden, so verlangte seine Rückständigkeit die blitzartige Industrialisierung. Dazu waren weder Adel noch Bourgeoisie in der Lage. Den nationalen Aufbau und

schnellen Umbau der Gesellschaft konnte nur eine bürokratische Technokratendiktatur bewirken, die sich auf das
langfristige Interesse der Arbeiterklasse berief und so deren Selbstausbeutung organisieren konnte. Dazu wurde
der Marxismus nach Belieben benutzt, gestutzt, verzerrt
und verstümmelt. Der angeblich sozialistische Aufbau
wandelte sich somit unter der Hand in ein nationalisti-
sches Projekt. Russland hatte den Bolschewismus hervor-
gebracht als Lösung für sein Modernisierungsproblem; je
verspäteter und rückständiger, desto gewalttätiger.

Außen

In der Außenwirkung stand für die Politik der regierenden
Bolschewiki von Beginn an die Suche nach Unterstützung
für die Bedürfnisse und Nöte der russischen Revolution im
Vordergrund, und nicht etwa die Interessen der Weltrevolution, auch wenn ihre Verlautbarungen anderes besagten.
Durchaus ehrlich hatten sie erwartet, dass andere europä-
ische Revolutionen folgen würden, ja diese Annahme war
geradezu eine Bedingung für das Wagnis ihrer Machtübernahme. Als aber die deutsche Arbeiterklasse sich über ein
Jahr Zeit ließ mit ihrer Revolution und sich dann - trotz 3
Millionen Kriegstoten - mehrheitlich mit einer sozialdemokratischen Regierung im kapitalistischen Parlamentarismus
zufrieden gab (und mit der Ermordung von revolutionären
Kollegen, Freunden und Verwandten), machte sich in Russland Desillusionierung breit und die außerrussische Arbei-

terbewegung wurde nur noch unter dem Gesichtspunkt betrachtet, wie sie das Schicksal Russlands erleichtern könne. Die Kommunistischen Parteien wurden ans Gängelband der Rubelsubvention genommen, und durch Emissäre und das Ausnutzen innerparteilicher Fraktionen transformierte die Komintern sie zu Befehlsempfängern, die nicht mehr nach den Bedingungen ihres Landes entscheiden konnten. Möglich war das nur, weil man sich stützen konnte auf das enorme Ansehen der russischen Revolution bei den Arbeiterklassen der ganzen Welt. Waren in der ersten Phase noch dilettantische revolutionäre Versuche nach Moskauer Planungen Inhalt der Kominterntätigkeit, so bekam mit Ende der Nachkriegskrisen Mitte der 20er Jahre die Förderung der russischen Außenpolitik immer mehr die Oberhand.

In den ersten Jahren nach 1917 verlangte die schwere Notlage des revolutionären Russland nach schneller Entlastung durch Revolutionen in Westeuropa. Die Lernprozesse der westeuropäischen Massenparteien erschienen den Bolschewiki zur Nutzung der offensichtlich weltrevolutionären Situation aber als viel zu langsam. Nach Leninscher Denkweise kam es nur auf die Zielklarheit der Führung an, die, um erfolgreich an die eigentlich revolutionären Arbeiter appellieren zu können, von schwankenden Elementen gesäubert werden müsse. In Übertragung der Erfahrungen der russischen Aufstandsorganisation auf völlig andere Bedingungen, unter denen die Mehrheit der Arbeiterklasse erst noch errungen werden musste, spaltete die Komintern 1920 vorzeitig die italienische Partei und die deutsche USPD, mit fatalen Folgen.

Die italienische Linke kam so nicht in die Lage, die gewaltige Streikbewegung 1920 zu einer Abwehrfront gegen den Faschismus ausbauen zu können. Mussolini wurde dann schon 1922 die Macht übertragen.

Hatten in Deutschland die Bremer Linksradikalen im Bunde mit dem russischen Emissär Karl Radek schon gegen den Willen Rosa Luxemburgs die Gründung der KPD beschleunigt und die Linke damit von den Massen der USPD-Mitglieder isoliert, so gingen 1920 bei der Spaltung der USPD noch einmal etwa 300.000 potentielle Kommunisten verloren, die zwar für die Diktatur des Proletariats waren, den Weg in die Komintern jedoch nicht mitmachen wollten. Die Komintern hatte mit ihren 21 Anschlussbedingungen die ideologische Reinheit und die bedingungslose Unterordnung unter die Befehlsgewalt ihrer Exekutive durchgesetzt. Das war Lenins Handschrift. Die USPD hatte sich zuvor bereits mehrheitlich zur Diktatur des Proletariats bekannt, zählte fast 900.000 Mitglieder, hatte einen rapiden Zulauf und war auf dem Wege, die SPD als stärkste Arbeiterpartei abzulösen. Mit der von Russland verursachten Spaltung war die Linksentwicklung der deutschen Arbeiterklasse abgeschnitten. Arbeiterklassen haben einen starken Widerwillen gegen Fremdbestimmung - die neue zahlenmäßige Stärke der nun mit der linken USPD vereinigten KPD täuschte zunächst darüber hinweg. Durch Ausnutzen der Begeisterung für die russischen Revolution und durch spielerischen Einsatz der Rubelsubventionen brachte Radek die Parteiführung der VereinigtenKPD um Paul Levi innerhalb der deutschen Parteizentrale in die Minderheit, um die vom Kominternpräsidenten Sinowjew beschlossene Märzaktion in Mitteldeutschland 1921 durchsetzen zu können. Russland, das Anfang 1921 in höchster Not war, sollte durch "Aktionen" entlastet werden, indem man den russischen Arbeitern vorführte, dass sie nicht allein auf der Welt seien. Attentate, provozierte Kämpfe[48]und überzogene Streiks in Mitteldeutschland, bei denen die Kommunisten unter sich blieben, Arbeitslose gegen Stammbelegschaften, 160 Tote: die Aktion und die "Offensivtheorie" ihrer Protagonisten endeten in einem Fiasko und 300.000 angewiderte Mitglieder verließen die VKPD, zwei Drittel ihrer Mitgliedschaft. Paul Levi, der das Vorgehen wütend kritisierte, wurde ausgeschlossen. Damit hatte die Partei ihr Ansehen, ihre basisdemokratische Tradition und - nach der Ermordung von Luxemburg, Liebknecht und Jogiches - auch ihren letzten Kopf verloren. Nie wieder danach sind die deutschen Arbeiter als Klasse der Führung durch die Kommunisten gefolgt.

Die Komintern lernte daraus nichts. Lenin hatte sich zwar von Clara Zetkin überzeugen lassen, das März-Abenteuer kritisiert und die Komintern zwischenzeitlich auf die von Paul Levi entwickelte Einheitsfrontpolitik verpflichtet, aber

---

[48] z.B. um das Leuna-Werk

als Lenin nicht mehr einsatzfähig war, versuchten Trotzki, Radek und Sinowjew die Dummheit ein zweites Mal, um in der russischen Partei ihre Positionen zu stärken. Der deutschen Parteiführung wurde der November 1923 als Aufstandstermin vorgeschrieben. Als der Vorsitzende Heinrich Brandler die Arbeiterklasse auf einem Betriebsrätekongress nicht einmal zum Generalstreik bereitfand, blies er den Aufstand ab. In Hamburg verstieß Thälmann gegen die Disziplin und führte 300 kommunistische Arbeiter in einen isolierten Kampf gegen die Polizei. Die Komintern nutzte die Enttäuschung der kampfbereiten Kommunisten über das Ausbleiben des Aufstands und schob der Parteiführung um Brandler und Thalheimer die Niederlage in die Schuhe. Die KPD geriet unter ultralinke Führung (Gewerkschaften und Sozialdemokraten als Hauptfeinde, Selbstisolierung). Nach deren Bankrott spaltete die Komintern 1925 die linke Zentrale und setzte Thälmann als Vorsitzenden ein, der sich bereits bei Stalin lieb Kind gemacht hatte. Der Parteiapparat, die Funktionäre und Zeitungen waren bereits seit Jahren fast vollständig von der KPdSU finanziert. Als das ZK 1928 Thälmann absetzte, befahl Stalin seine Wiedereinsetzung; von da an war er endgültig Stalins Marionette. In der KPD wurden der Kadavergehorsam der Bolschewisierung und der Personenkult durchgesetzt. 1928 brauchte Stalin internationale Unterstützung für seinen Linksschwenk, und das hieß in der KPD: Sozialfaschismuspolitik und Spaltung der Gewerkschaften. Damit war eine Einheitsfrontpolitik zur Abwehr des Faschismus unmöglich geworden und der Weg in die Niederlage vorgezeichnet. Erst jetzt brachen die geläuterten Brandler und Thalheimer die Kominterndisziplin, aber ihre KPD-Opposition konnte außer einem Stückchen von der Ehre des deutschen Kommunismus nichts mehr retten.[49] Ob ohne die dümmlichen russischen Eingriffe, die Rosa Luxemburg sich niemals hätte gefallen lassen, die stärkste außerrussische Arbeiterbewegung die faschistische Machtergreifung hätte verhindern können, ist nicht sicher, erscheint aber möglich. Die Bolschewiki haben sich damit aufs Schwerste selbst geschadet.

Die Chinesische Revolution von 1925-27 wurde von der Komintern desavouiert, um im fernen Osten die imperialistischen Mächte nicht zu provozieren und eine Stärkung der Linken im russischen Fraktionskampf zu verhindern. Stalin befahl der chinesischen KP, sich der Kuomintang weiterhin unterzuordnen. Die chinesischen Arbeiter und Bauern befanden sich im Aufruhr, wurden aber von der KP gebremst. Selbst als Shanghai im März 1927 bereits in Händen der aufständischen Arbeiter war, verhinderte die Komintern die Bildung einer bewaffneten Räteregierung und leitete so die Niederlage vor der Konterrevolution ein. In Shanghai und Wuhan wurden Zehntausende kommunistischer Arbeiter geköpft. Als alles verloren war, wollte Stalin seine Kritiker mundtot machen und zettelte im Dezember 1927 einen aussichtslosen Aufstand in Kanton

---

[49] siehe https://de.wikipedia.org/wiki/Kommunistische_Partei-Opposition

an[50], der blutig niedergeschlagen wurde und ebenfalls Zehntausende Kommunisten das Leben kostete. Die chinesische KP verlor völlig ihren Einfluss in den Städten.

Im vergeblichen Bemühen, England und Frankreich für ein Bündnis gegen Hitler zu gewinnen, erfand die Komintern schließlich die Volksfrontpolitik, das Bündnis mit dem Bürgertum. Die Sowjetunion wollte im spanischen Bürgerkrieg ab 1936 beweisen, dass von ihr keine revolutionäre Gefahr mehr ausgehe. Sie erpresste die Republik mit ihren Waffenlieferungen und setzte durch, dass an der Volksfrontregierung mit bürgerlichen Parteien festgehalten und die selbständigen Kollektivierungen und Sozialisierungen der Arbeiterklasse und der Bauern rückgängig gemacht wurden. Die spanische KP wurde ein Ordnungsinstrument der bürgerlichen Republik und schwoll an unter dem Mitgliederzulauf reaktionärer Elemente. Die Sowjetunion organisierte die innere Konterrevolution in der sich verteidigenden Spanischen Republik. Ihre zahlreichen Geheimagenten und ihre Kominternbeamten wie Palmiro Togliatti, Walter Ulbricht und Ernö Gerö, die hinter der Front die wirklichen Kommunisten des POUM verleumdeten, verhafteten, folterten und ermordeten, konnten ihr Tun vor sich selbst mit der Argumentation rechtfertigen, dass das Wohlergehen der Sowjetunion Vorrang für die Weltrevolution habe - in Wirklichkeit handelten sie als russische Nationalisten. Kommunisten wirken qua definitionem für die Aufhebung

---

[50] Stalin schickte seinen 25jährigen Heinz Neumann mit einem Koffer voll Geld zur Kominternzweigstelle in Kanton

des Kapitalismus; diese Leute taten das Gegenteil. Diese konterrevolutionäre Blamage des sowjetischen Kommunismus, der keiner mehr war, überlagert bis heute das eigentliche Problem der spanischen Revolution: das Versagen der Führung der Anarchisten vor der Machtfrage nach Duruttis Tod.

Die Liste ist noch lang und reicht über die Verhinderung einer revolutionären Entwicklung in Italien 1945, die Sabotage im griechischen Bürgerkrieg zwecks Respektierung der Einflusszonen nach dem 2. Weltkrieg bis beispielsweise zur kampflosen blutigen Niederlage der irakischen KP. Von den Schicksalen ausländischer Kommunisten im Hotel Lux, im Gulag und den Morden der Geheimagenten in aller Welt gar nicht zu reden. In den besetzten Ländern des sowjetischen Cordon Sanitaire nach 1945 wurden eigenständige Ansätze der Arbeiterbewegung erstickt, ihre Führer erschossen und das bürokratische System der UdSSR installiert, gestützt nur noch auf die militärische Macht der Roten Armee. Alle Hoffnungen wurden enttäuscht. Nur Tito hat es geschafft, sich Stalins Zugriff zu entziehen. Auch der engagierte Einsatz tausender Kommunisten in den Pufferstaaten konnte nichts an der Grundstruktur ändern: der Sozialismus war nicht von der Initiative der Arbeiterklasse getragen und die Machthaber hatten Blut an den Händen. Die Arbeiter haben ihn nicht verteidigt. Zehntausende ernsthafter Parteimitglieder wurden benutzt und an der Nase herumgeführt und standen im Regen, als das System zusammenbrach. Die Besatzungsregimes haben

Millionen Arbeiter vom Kommunismus abgestoßen, genau wie Thalheimer 1946 für den Fall andauernder Besatzung eine tiefgehende und lang anhaltende Schwächung des Sozialismus und Kommunismus vorausgesagt hatte.[51]

Zu einem Abhängigkeitsverhältnis gehören aber immer zwei: der Bestimmende und der, der sich ans Gängelband nehmen lässt. Insofern zeugen die verderblichen Kominternmanöver von der Unreife der außerrussischen Arbeiterbewegungen. Viele Kommunisten glaubten, die Bolschewiki hätten die Russische Revolution gemacht, und orientieren sich an ihrem siegreichen Vorbild, statt an den Bedingungen ihrer eigenen Länder. Tatsächlich war es andersherum: die russische Revolution hatte die Bolschewiki gemacht. Die Übertragung auf andere Verhältnisse widersprach von Vornherein marxistischen Ansprüchen.

Positiv wirkte sich die Existenz der Sowjetunion als Gegengewicht gegen das imperialistische Lager für die Unabhängigkeits- und Befreiungsbewegungen der kolonisierten Völker aus. Und bei den Tarifverhandlungen der Gewerkschaften der kapitalistischen Länder saß unsichtbar die Sowjetunion immer mit am Tisch, als Drohung, dass es auch ohne Kapitalisten geht. Nur den Kommunismus hat das alles nicht gefördert, sondern seine Schwäche verdeckt.

---

[51] August Thalheimer, Grundlinien und Grundbegriffe der Weltpolitik nach dem 2.Weltkrieg

Künftig anders

Lenin und Trotzki bleibt das unsterbliche Verdienst, der Arbeiterklasse geholfen zu haben, die Tür zur neuen Welt einen breiten Spalt weiter aufzustoßen als die Pariser Kommune. Dass die russische Revolution isoliert blieb, dass vor allem die deutsche Revolution nicht auf dem Fuße folgte, konnte damals niemand wissen. Fast alle Marxisten hielten damals den unbeschreiblich brutalen 1.Weltkrieg für ein Anzeichen des Endes der kapitalistischen Gesellschaftsordnung. "Eure »Ordnung« ist auf Sand gebaut. Die Revolution wird sich morgen schon »rasselnd wieder in die Höh' richten« und zu eurem Schrecken mit Posaunenklang verkünden: »Ich war, ich bin, ich werde sein!«". So endete im Januar 1919, nach der Niederschlagung der revolutionären Arbeiter in Berlin, der letzte Artikel Rosa Luxemburgs bevor die Knechte der Rettung des deutschen Kapitalismus sie ermorden ließen. Der außerrussische Kapitalismus war jedoch damals nicht am Ende, weder ökonomisch noch sozial noch technologisch - er konnte den Massen noch Lebensperspektiven bieten. Das konnte der russische Kapitalismus nicht.

Heute sehen wir, was zwangsläufig folgte, als Russland allein und im Stich gelassen gegen den Weltkapitalismus die Industrie aus dem Boden stampfen musste. Die Entwicklung zum Stalinismus kann Lenin nicht vorgeworfen werden. Lenins theoretische Elaborate allerdings, weit entfernt Leuchttürme des Marxismus zu sein, waren fast alle taktisch bedingt, von der russischen Rückständigkeit

108

diktiert, mit tagespolitischer Absicht geschrieben und oft aus der Not geboren. Seine situationsabhängigen Verzerrungen des Marxismus haben lange die Köpfe eines Großteils der Kommunisten vernebelt. Der Kommunismus muss sich von den russischen Entstellungen befreien[52] und zur Ehrlichkeit der Zeiten Luxemburgs zurückfinden.

Das Klassenbewusstsein kann niemandem von außen gebracht werden. Es ist Ergebnis von Lebenserfahrung. Es kann durch Diskussionen vertieft und durch Lektüre und Schulungen verwissenschaftlicht werden, was in früheren Zeiten in den sozialdemokratischen und dann in den kommunistischen Parteien stattfand. Daraus einen Führungsanspruch der organisierten Wissenden abzuleiten, wie Lenin es tat, zeigt idealistisches Herangehen. Das Kriterium der Organisation kann nur ihre Nützlichkeit in den gesellschaftlichen Auseinandersetzungen sein.

Eine Kaderpartei wird für künftige Revolutionen nicht gebraucht, weil Revolutionen sich weder "machen" noch kommandieren lassen; sie sind elementare Ausbrüche, wenn die Gesellschaft unter den alten Bedingungen nicht mehr weiterleben kann. Und einen Zwangsapparat für nachholende Industrialisierung brauchen wir nicht, und erst recht keine ausufernde Spirale von Hass, Gewalt und Rache, sondern die schnellstmögliche Installierung eines sozialistischen rätedemokratischen Rechtsstaats. Es ist eine Laune der Geschichte, dass zuerst nationalistische

---

[52] und von ihren chinesischen Abwandlungen

Industrialisierungsdiktaturen nach dem Kommunismus greifen und ihn über Jahrzehnte bestimmen. Sie sind seine Vorläufer, werden aber geschichtlich nur seine Randerscheinungen sein.

Die künftigen Massenbewegungen gegen den Kapitalismus wachsen an den Problemen, die der Kapitalismus nicht mehr lösen kann. Zur gegenseitigen Unterstützung und politischen Klärung organisieren sie sich - aber mit Sicherheit anders, als wenn man mit einer sozialistisch geführten Bauernrevolution eine despotische Adelsherrschaft zu überwinden hätte. Niemand mehr wird auf den zu späten Ratschluss eines Zentralkomitees warten, dem verfrühten Vorpreschen einer Partei folgen oder sich den Weisungen einer internationalen Kommandantura fügen. Aufklärung, Schulung, Informationen und Entscheidungen verbreiten sich heutzutage und zukünftig auf anderen, rasend schnellen Wegen. Dafür werden wir zehntausende von Spezialisten haben; die Kreativität der Klasse ist unerschöpflich, wenn sie einmal in Bewegung geraten ist. Wie führende Zentren sich herausbilden, wird von den zu lösenden Aufgaben abhängen. Wenn die Marxisten gut sind, können sie diesen Prozess inspirieren und bewusster machen, die handelnden Personen stärken, vernetzter Teil der Bewegung sein und Lösungen vorschlagen - als abgesonderte Partei leiten können sie das nicht. Sich an vermeintlich starke Vorbilder anzulehnen statt selbst zu denken, kann dabei nur hinderlich sein.

Seit Jahren treibt die wirtschaftliche Konkurrenz die Produktion immer deutlicher in Richtung Vollautomatisierung und Selbststeuerung. Die digitalen Netze weisen über die Konzerngrenzen hinaus und machen kollektive gesellschaftliche Lösungen plausibel. Die Produktivkräfte sind längst reif, übernommen zu werden von den arbeitenden Massen, die sie erzeugt haben. Und in den Betrieben lassen Digitalisierung und Automatisierung relativ immer weniger Beschäftigte übrig, die für die Mehrwerterzeugung ausgebeutet werden können. Deshalb sinken die Profite im produktiven Sektor, und so wird das Kapital immer stärker in die Finanzspekulation gedrückt, wo schon Hunderte von Billionen Dollar auf der Suche nach Profit um den Globus jagen und immer größere Blasen vorbereiten - wie 2008 werden sie platzen, wenn der Glauben an das Versprechen auf Profit zusammenbricht.

In welchem Bereich die rasende Spekulation das System in die Implosion stürzt, kann kein Ökonom voraussagen; der Strudel der Märkte ist weder berechenbar, noch kann er beherrscht werden. Er muss abgeschafft werden. Ebenso überraschend wird dem Bankenkrach der Zusammenbruch der Wirtschaftskreisläufe folgen. In den kapitalistischen Zentren ist bereits jetzt der Kern der Arbeiterklasse von Abstieg und Arbeitslosigkeit bedroht, haarsträubende Ausbeutungsverhältnisse haben schon Einzug gehalten. Die natürlichen Lebensgrundlagen werden zerstört und an den Rändern der kapitalistischen Kernländer sterben bereits Hunderttausende. Seine Krisen und Zusammenbrüche erzeugt der Kapitalismus zwangsläufig selbst, die Frage ist lediglich wann. Ob sie sich dann in Reinform abspielen, d.h. als Stillstand der Wirtschaft mit arbeitslosen, hungernden Massen auf der anderen Seite, ist nicht vorherzusehen. Nationalistische, religiöse, machtpolitische Verschleierungen der marktwirtschaftlichen Ausdehnungszwänge können die Unzufriedenheit auch zu weiteren Kriegen hin ablenken. So wie die mechanisierte Waffentechnik im 20. Jahrhunderts den qualitativen Sprung der beiden Weltkriege zum millionenfachen Töten bewirkte, so würde ein Dritter Weltkrieg im 21. Jahrhundert den milliardenfachen Tod bedeuten. Es ist durchaus empfehlenswert, die Herrschaft des Kapitals vorher abzuschaffen. Dazu bedarf es der bewussten entschlossenen Tat der neuen Arbeiterklasse, die Unternehmen zu sozialisieren, die Produktion gemeinsam zu organisieren und darauf ihren neuen demokratischen Staat aufzubauen. Möglich ist das nur, wenn in den gesellschaftlichen Auseinandersetzungen die Köpfe und Herzen der Mehrheit erobert werden für eine selbstbestimmte ausbeutungsfreie Gestaltung der Gesellschaft der Zukunft.

Das hört sich heute, wo die große Mehrheit der Arbeiterklasse noch im Vergnügungsmodus verharrt, noch völlig utopisch an, aber es wird die Zeit kommen, wo diese Lösung als einzige vor aller Augen auf der Hand liegt. Billiger ist die Befreiung und Rettung der Menschheit nicht zu bekommen. In den sozialen Auseinandersetzungen müssen möglichst viele Menschen überzeugt werden, dass sie sich darauf vorbereiten. Die neue Arbeiterklasse wird als selbständige Massenbewegung handeln; von Lenin kann sie dabei nur das Prinzip der Vorgehensweise lernen, was allerdings das Wichtigste an ihm war: das Erfassen der Entwicklung der Klasseninteressen und die Entschlossenheit zum revolutionären Umsturz überlebter Verhältnisse. Und Mut.

Quellen:

Archive des Kommunismus, Der Thälmann-Skandal

Deutschland, Russland, Komintern - Dokumente

Dokumente der Weltrevolution, Arbeiterdemokratie oder Parteidiktatur

Wolfgang Abendroth, Einführung in die Geschichte der Arbeiterbewegung

Theodor Bergmann/Mario Keßler (Hg), Aufstieg und Zerfall der Komintern

Theodor Bergmann u.a., Der Widerschein der russischen Revolution

Vortrag von Theodor Bergmann am 24.6.2016

Alexander Berkman, Die Kronstadt Rebellion

Jens Becker, Heinrich Brandler - Eine politische Biographie

Heinrich Brandler, Die Sowjetunion und die sozialistische Revolution

Broué/Temime, Revolution und Krieg in Spanien

Edward Carr, Die russische Revolution

Isaak Deutscher, Die unvollendete Revolution

Isaak Deutscher, Die sowjetischen Gewerkschaften

Rudi Dutschke, Versuch, Lenin auf die Füße zu stellen

Orlando Figes, Russland, Die Tragödie eines Volkes

Ossip K. Flechtheim, Die KPD in der Weimarer Republik

Curt Geyer, Die revolutionäre Illusion

Manfred Hellmann (Hg), Die russische Revolution 1917, Dokumente

Willy Huhn, Trotzki - der gescheiterte Stalin

Alexandra Kollontai, Was bedeutet die „Arbeiter-Oppositon"?

Wladimir Lenin, Die Entwicklung des Kapitalismus in Russland

Wladimir Lenin, Was Tun?

Wladimir Lenin, Zwei Taktiken der Sozialdemokratie in der demokratischen Revolution

Wladimir Lenin, Der Imperialismus als höchstes Stadium des Kapitalismus

Wladimir Lenin, Staat und Revolution

Wolfgang Leonhardt, Die Revolution entlässt ihre Kinder

Paul Levi, Wider den Putschismus

Rosa Luxemburg, Organisationsfragen der russischen Sozialdemokratie

Rosa Luxemburg, Massenstreik, Partei und Gewerkschaften

Rosa Luxemburg, Die russische Revolution

Rosa Luxemburg, Einleitung zu Wladimir Korolenko, Die Geschichte meines Zeitgenossen

Georg von Rauch, Geschichte des bolschewistischen Russland

Bernd Rabehl, Marx und Lenin

John Reed; Zehn Tage, die die Welt erschütterten

Arthur Rosenberg, Geschichte des Bolschewismus

August Thalheimer, Grundlinien und Grundbegriffe der
Weltpolitik nach dem 2.Weltkrieg

Cédric Tourbé, Good Bye, Wladimir Iljitsch Uljanow, genannt Lenin, arte-Dokumentation

Leo Trotzki, Geschichte der russischen Revolution

Ulf Wolter, Grundlagen des Stalinismus

Klaus Dallmer, Jahrgang 1951, begab sich nach einem Studium der
Politik und Germanistik an der FU Berlin zum revolutionären Subjekt,
das noch keines sein wollte: Ausbildung zum Werkzeugmacher, Arbeit
in Berliner Fabriken, gewerkschaftliche Basisarbeit bis Anfang der 90er;
anschließend tätig in der Entwicklungszusammenarbeit mit Afrika,
zuletzt als Landesdirektor des Deutschen Entwicklungsdienstes und der
GiZ im Tschad.